西郷隆盛と徳之島

新装版

徳のある島・・・
徳のある人との出会い・・・

浪速社

西郷隆盛筆

道は天然自然のもの
人は之を行うものなれば
天を敬するを目的とする。
天は人も我も
同一に愛し給ふ故
我を愛する心を以て人を愛するなり。

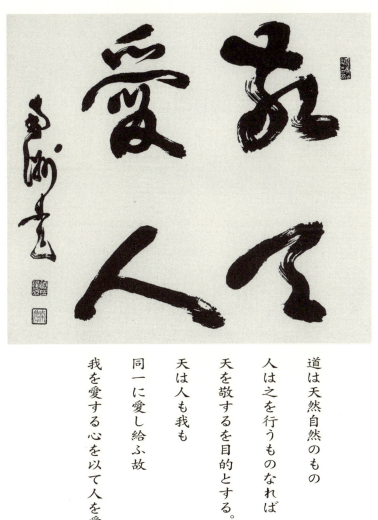

キヨソネ画　西郷隆盛像
財団法人 西郷南洲顕彰会 資料提供

三つの仲祐

京都、相国寺林光院にある仲祐の墓

徳之島、岡前、西郷公園にある仲祐の墓

鹿児島市常磐町、西郷家墓地にある仲祐の墓

西郷南洲翁《おう》上陸地
文久二年（一八六二年）この
湾屋港（藩指定の砂糖積出港）に
二度目の遠島処分を受け上陸追
処分で沖永良部に行く迄の二カ
月半、岡前（謫居跡）に滞在した。
島妻愛カナや子供との別れの
悲話や島民との心暖まる交流な
どの逸話、翁直筆の書・手紙、
力石などが残るほか、謫居跡地
には記念碑が立てられている。
天城町

西郷南洲翁 上陸地

序文

「幾たびか辛酸を経て、志はじめて堅し」――西郷隆盛がその思想を確立し、人生の座標軸を揺るぎないものとした流島時代。

著者はその徳之島時代を中心に、情熱あふれる筆致で西郷を現代に甦らせる。没後一三〇年（二〇〇七年）を経てなお、西郷が説き、身をもって示した精神は輝きを増す。

本書は、まさに著者乾坤一擲の警世の書といえよう。

京セラ名誉会長　稲盛和夫

序文

西郷隆盛が登場する時代、寺院にも嵐が吹き荒れていた。とくに錦江湾に隆盛と入水した清水寺の月照上人は法隆寺とも法縁がある。

その混沌とした時代の真相解明は未だ充分とはいえない。

その意味からも、ここに披瀝される高著『西郷隆盛と徳之島』から学べることに期待をしたい。

法隆寺長老（法隆寺第百二十八世住職）

まえがき

日本人であれば、尊敬する人、好きな人を挙げるとなれば、大部分の人が迷わずに、聖徳太子・西郷隆盛を思い浮かべるのではないでしょうか。

我が国に仏教を導入し、大国の隋に向かって堂々と「日の出る国の天子より日の没する国の天子に書を送る」と胸を張って国威を強調した偉大な政治家、聖徳太子を誇りに思うのは万人の共通した思想であろう。

西郷隆盛もまた、薩摩のお殿様、斉彬公、久光公の二代に仕えて、栄達と苦難の波乱万丈の激動の中、一時は僧月照と抱き合って錦江湾に入水自殺を図り、天の思し召しによるものか西郷隆盛だけが九死に一生を得ている。その後、一度ならず三度も島流し遠島の処分を受けます。そして、遂に絶望と悲嘆のドン底から、藩政に必要な人材として再度薩摩へ召還され、薩摩のため、国のため、近代日本の大革命、明治維新の大偉業を成し遂げたのです。

西郷隆盛に関する書籍は数えきれぬほど出版されており、西郷隆盛ファンならば大抵の記述に接しておられるものと推察致します。ここでは、西郷隆盛が二度目の遠島処分を受けて島流しで滞在した「徳之島」での史実やエピソードを取り上げる事に致しました。

西郷隆盛が最初の島流し処分を受けるのは、勤皇派として幕府から追われていた、清水寺の僧「月照」を薩摩に匿っていたのだが、薩摩藩としては幕府の手前二人の庇護を慮る事態に至り、西郷隆盛も思案の挙句に入水自殺を試みます。ところが、「月照」は死んで西郷隆盛が救助されます。薩摩藩は西郷隆盛は死んだものとして扱い、名を「菊池源吾」と改めて、奄美大島の龍郷村に島流しにします。しかし、この処分は「罪人」ではなくて、あくまでも、幕府の追及から西郷隆盛を守るための処置であり、奄美へ下ってからも扶助米を賜っての暮らしであり、島では妻を娶り、一男一女をもうけているくらいです。

奄美で生まれた長男菊次郎は後の京都市長になり、琵琶湖取水で発電し、日本で始めての市電を走らせた事で有名です。また、長女菊子は陸軍大将大山巌の弟の奥さんになっています。

こうした奄美大島龍郷での記録、そして、三度目の流罪地沖永良部島での記録などは普く広く知られております。ところが、二度目の島流しの「徳之島」での記録・書籍は殆ど皆無に等しく、滞在期間が七十五日と極めて短いのが原因かと思われます。

たとえ短い滞在ではあっても西郷隆盛が徳之島に残したエピソードは多く、功績も大きいのです。徳のある島、徳之島、故に徳之島だと名付けられていると考える向きもあります。

徳のある人々との出会いをご紹介したいと思います。

平成十七年十二月二十日

著者書き始め

目次

編集　森田達雄

生い立ち

西郷隆盛は文政十年（一八二七年）一二月七日、薩摩、今の鹿児島市内、城下町で西郷家の長男として生まれています。弟の次男が吉次郎、三男が信吾で後の西郷従道、末子が小兵衛です。男兄弟の間に長女お琴、次女お高、三女お安の姉妹がおり、祖母を含めて十人の大所帯の中で育っています。

家柄は御小姓組で下から数えて二番目という士分です。

隆盛の次の吉次郎と四男の小兵衛は西南戦争で戦死していますが、三男の信吾は西南の役後に元帥大将として明治新政府の軍部・政界で活躍し、大西郷に対比して小西郷と呼ばれた人物です。西南の役で兄の隆盛に協力しなかった兄弟の一人であった。

西郷隆盛の幼少名は小吉、吉之助と言い、長男として兄弟姉妹の面倒をみなければならない立場にありました。禄高米では暮らして行けず、内職の夜なべをし、わずかばかりの畑と山林で、百姓として朝は朝星、夜は夜露の働きをこなし、山の薪を積んで帰り商いの足しにもしていたのです。このような艱難辛苦の環境の中でも、日新公以来薩摩の若者が競って勉学に勤しみ、いわゆる郷中教育に鍛えられ、「知行合一」の実践を学び取っているのです。

陽明学で学んだことを実践し、行動に移す精神は幼少の頃から培われていたのです。明治維新の志士、土佐藩の「坂本竜馬」は新婚旅行で薩摩の霧島温泉に出かけ、西郷隆盛とは深い交わりのあった一人ですが、彼が、西郷隆盛を評した名言があります。

「西郷と言うのは、わからぬ男だ。小さく叩けば小さく響き、大きく叩けば、大きく響く。もし馬鹿なら大馬鹿で、利口なら大きな利口だろう。」と評しています。

また、同じ土佐藩で、竜馬と共に京都池田屋で暗殺された中岡慎太郎が、同志であった板垣退助に宛てた手紙には次のようにあります。

「前略。この人、学識あり、胆略あり、常に寡言にして、最も思慮雄断に長じ、たまたま一言出せば、確然、人の腸を貫く。且つ徳高くして、人を服し、しばしば艱難を経て頗る事に老練す。——中略—— 学識あることは優り、実に知行合一の人物なり。これ即ち、当世、洛中第一の英雄に御座候」

池田屋事件の頃から、既に同志からこのような評価を受けていたと言う事は、幼少の頃から、同じ界隈で共に育った大久保利通や、明治の元勲が生まれ育った巨人誕生の聖地から、検証して見るのが賢明であろうかと思う。現在の西鹿児島駅から東に二百メートル、そこが甲突川河畔の一角、明治維新で活躍した英雄達の生まれ育った聖地である。現在、鹿児島で「偉人祭り」と称する行事があり、列挙して紹介します。

西郷　隆盛（一八二七——一八七七）五十一歳没。　維新三傑・初代陸軍大将
西郷　従道（一八四三——一九〇二）五十八歳没。　海軍元帥、陸海諸大臣
大久保利通（一八三〇——一八七八）四十八歳没。　維新三傑・大蔵卿・内務卿
伊地知正治（一八二六——一八八六）五十九歳没。　維新第一の軍略家
吉井　友実（一八二六——一八九一）六十四歳没。　維新・宮廷革新の功
篠原　国幹（一八三六——一八七七）四十一歳没。　維新・陸軍少尉・城山で没
村田　新八（一八三六——一八七七）四十一歳没。　維新西郷の腹心・城山で没
大山　　巌（一八四二——一九一六）七十三歳没。　日露戦陸軍大将・西郷の従兄弟
東郷平八郎（一八四八——一九三四）八十六歳没。　日本海戦司令長官・元帥・大将
黒木　為楨（一八四四——一九二三）七十八歳没。　日露戦第一軍司令長官陸軍大将
井上　良馨（一八四六——一九二九）八十三歳没。　日露戦・元帥・海軍大将
山本権兵衛（一八五二——一九三三）八十　歳没。　海軍大臣・総理大臣
黒田　清隆（一八四〇——一九〇〇）六十　歳没。　農商務大臣・総理大臣
山本　英輔（一八七六——一九六二）八十五歳没。　司令長官・海軍大将権兵衛の甥
松方　正義（一八三五——一九二四）八十八歳没。　大蔵大臣・総理大臣
牛島　　満（一八八七——一九四五）五十七歳没。　陸軍大将・沖縄司令長官・玉砕

これ等英傑の生誕地を見てみると、鍛冶屋町界隈は薩摩島津家の下級武士、つまり、士分の低い御小姓組の多く暮らす最下級武士の武家屋敷が多く、その暮らし向きは父祖伝来の貧乏暮らしにより、そこに暮らす子弟は郷中教育を受け、特に家庭教育に於いては、母親の躾け教育が厳しく清純剛健・忍苦発奮の気風が培われ「誠忠組」の気風も高まったものと考えられます。

名君斉彬公がこの「誠忠組」の若者に目をつけて人材抜擢を推進した事から、維新の英傑がぞくぞくと誕生していく事になります。

斉彬公の人材抜擢、つまり、誠忠組の活動に些か反発・嫉妬・反感を持ちながらも、久光公も明治維新の時代の波を乗り切るために、彼等の活躍を是認していくしかなかった。極貧乏の下級武士の子弟が郷中教育・家庭教育の影響を受けて、明治維新の原動力となって行く様はいかに幼児教育が大切であるかを如実に証明しています。

先に列記した鍛冶屋町の近隣からも、次のような知名人が輩出しています。

樺山資紀　――海軍大臣。　平田靭負――宝暦治水総奉行美濃で自刃

調所笑左衛門――天保の藩財政改革者　木村探元――薩摩屈指の画家

八田知紀　――明治初期の歌人　小松帯刀――幕末薩摩の名家老

乃木静子　――乃木大将婦人

西郷家の家系を見ると、ご先祖は「吉野朝」の忠臣とあり、肥後の国「菊地家」であったよ

うです。西郷姓を名乗ることになったのは、菊地武光から七代目「武盛」が薩摩に移り住んだ時からである。薩摩で島津家に仕えるようになるのは元禄年間になって、九兵衛と言う人の代でした。この九兵衛から九代目が、隆盛の父吉兵衛です。

隆盛の父、吉兵衛は藩の勘定方小頭を勤めて、謹直清廉な人格者で終始した人で、母は同藩士の椎原権兵衛という武家の娘、満佐子と言う賢母でした。隆盛を頭に七人の子宝に恵まれています。女でなければ「家老」にもなれる女丈夫だと言われています。

貧居にして偉人を生ずの手本でありましょう。大家族の困苦欠乏のなかで、無欲清貧の一貫した大西郷の人柄は、偉大な母親の訓育の賜物に他なりません。古今東西、偉人英雄の母親は幼児教育において優れた才能と実力を持っていたようです。貧しい中で他人から受けたご恩には感激多謝・報恩感謝のまごころを、決して忘れる事はなかった西郷の人格は、母親の徳育の最たるものの一つでしょう。

「幾たびか辛酸を経て志初めて堅し」名句がある。

西郷隆盛は幼少の頃はいささか体が弱くて、母は鰹節を特別に煮出して与え体力作りをしたようです。その甲斐あって成人してからは身長一メートル八十センチ、体重は百十キロもあり、相撲を好み、その風格は横綱・大関にも劣らぬ堂々たるもので、これも母親の健康管理、体力造りのお陰でありましょう。

西郷隆盛 幼少の逸話

西郷隆盛の幼名は小吉ですが、長じて吉之助、隆永、隆盛と呼ばれています。奄美大島流罪の際は菊地源吾、徳之島流罪の折には大島三右衛門、通称では西郷南洲で、幼少から成人してこれほど名前を持った人物も珍しい。

小吉と呼ばれていた頃のエピソードも枚挙にいとまがありません。近在の悪童が示し合わせて小吉を脅かしてやろうと試みます。道の曲がり角で一斉に飛び出して「わっ」と大声で立ち塞がっても、「驚いたよ」と大目玉を剥いて見せるだけで、脅しの効果はなくて、悪童共も以後相手にしなくなったらしい。

喧嘩も強くて、その分狙われる存在でもあったらしい。西郷隆盛が城山で首なしの死体として検死の証拠となった傷跡がある。この傷跡は西郷隆盛の青年時代、鍛冶屋町には大層喧嘩の強い者がいる、との噂を聞いた上流屋敷の横堀三助という悪童が、妙円寺参りと言う目出度い日に、喧嘩を仕掛けて来ます。どうせ鍛冶屋町の貧乏屋敷の輩など、たいした事もなかろうと襲ってきたのです。小吉西郷は「乱暴者が何をするか、」と襲い掛かって来た悪童を、道端の水溜りに叩き込んでしまった。悔しい思いをした横堀悪童が後日、雨の中、傘を傾けてすれ違う後ろからいきなり西郷隆盛の右肩を切りつけたから堪りません。鮮血を流しながら小吉は相手の刀を奪い相手をねじ伏せて散々に踏みつけながら、

「闇討ちは卑怯だ。表から名乗って来い、いつでも相手になってやる」と言いながら後も振り向かず立ち去った。この時の刀傷が終生右肩・右腕に残っていたのです。この刀傷が、後の西南の役城山での検死の証拠となるのです。

西郷隆盛には右肩の刀傷の他に掌にも傷跡があり、これも若気の喧嘩のせいだと苦笑していたようです。若い時にはなかなかに豪気なところがあったわけです。相当に武術にも励んだようだが、武芸を止めて暫くして、或る武芸者に出会った時

「私は武術の修行がないから」と言うと、その武芸の達人が曰く。

「いやいや、先生にお会いしていると、どこにも寸分のすきが見えません。」

と申したようです。

幼少の頃からの竹馬の友にも恵まれている。筆頭はやはり大久保利通であろう。利通幼名を市蔵と言った。小吉と市蔵は家も近所で日々往来する仲であった。市蔵の他に近在には維新第一の軍略家の伊地知正治、維新宮廷の改革に力を発揮した吉井友実、西郷の良き協力者、海江田信義等、維新後に有名になった数々の人材が多くいました。

中でも西郷と利通は、「吉さあ」「市どん」と呼び合う仲で、相撲を取ったり、桜島の噴火口

へ登ったりした間柄でした。二人とも明治維新を代表する大人物であり、車の両輪の如き役割を果たしていくわけです。征韓論で対立して、西南の役へと押し流されていく二人の運命を眺めていると、些か残念で悔やまれるものがあります。

西郷隆盛吉之助は、鍛冶屋町郷で若くして郷中教育の指導者として、薩摩で言う「二才頭」として配下の市蔵、利通等後輩のリーダー格を勤めており、その頃に無参和尚の下で座禅を組み、心胆を練ったとも言われております。西郷隆盛の若き頃の刻苦勉励を物語るものとして、後の陸軍大将・元帥ともなった従兄弟の大山巌の言葉が如実に物語っています。

「鹿児島における自分の家は、西郷家に接近していたので、自分は六・七歳の頃から西郷さんに従い、読書や習字を教わった。その頃、西郷さんは禅学を学んでいた。自分がどんなに朝早くその家へ至ってみても留守で、自分たちが掃除を終わる頃になると、どこからか帰ってこられるので不思議に思っていたが、いつも無参和尚のところで夜を徹して修行して居られたものらしい。その刻苦勉励には全く驚き入って、到底まねはできないと思った」

無参和尚の他にも西郷隆盛は素晴らしい先輩・学者・師匠にも恵まれていた。その中の一人有馬一郎と言う先輩は当時としては珍しい「世界地図」を広げて西郷隆盛に世界に眼を向けた訓育をし、西郷隆盛の非凡な才能を見出して期待をかけた人物です。また、大久保利通の父親の次右衛門も、当時の薩摩を代表する義気決断の気風は、有馬一郎や無参和尚と共に西郷隆盛の若き頃の、人格形成に多大の影響を与えている事は確かです。

西郷隆盛と抱き合って錦江湾に入水自殺を果たした清水寺の僧「月照上人」も「南洲の禅学は深くはないが能くその真味を悟得している」と評しているのです。

西郷隆盛十一歳の頃、天保の飢饉に窮民救済のため兵を起こして破れ、自刃して果てた大塩平八郎に私淑し、大塩の著書「洗心洞箚記」を愛読して精神修養に勤めていたと言います。

西郷隆盛の活学は中江藤樹―佐藤一斉―大塩平八郎―吉田松陰―橋本左内―西郷隆盛の流れを受けています。

空理空論を排し「知行合一」「直情径行」「不善不義」を排斥して、その学び得た学問を如何にして国家や公共に適用し、施行して行くかと言う革新実行の学問を習得しています。

特に、西郷隆盛は大塩平八郎に対しては異常な関心を持っていたようです。彼が京都に出て或る医者の邸宅に出向き、そこで、大塩平八郎の書、掛け軸を見て感動し、それを譲ってほしいと懇願しますが拒否されます。暫くして、書状を添えて例の掛け軸が西郷の所に届きます。

書状には、「自分はやがて死にます、この掛け軸を最も愛して大事にしてくれるのはお主しかいないと思うので進呈する」とあったようです。西郷はこの掛軸を大層に大事にしていたようです。素晴らしい友、尊敬できる先輩や師匠に出会い、西郷の人格形成は完全に整ってまいります。

お由良騒動の波紋

薩摩藩島津家の家督相続の中で、最も有名なのがこの「お由良騒動」です。西郷隆盛青年の頃、このお家騒動が起きた。一名「高崎崩れ」とも呼ばれた。この騒動は、名君斉彬公の父である斉興公が、江戸詰めの頃に愛妾の「お由良」との間に出来た久光を、擁立する保守派と斉彬派との間に起こったものです。

長男斉彬と言う嫡男が居ながら、お由良方の久光擁立に禍いされて、斉彬は四十を過ぎても家督を譲ってもらえなかったのです。

正統の嫡子の斉彬は、お由良方の陰謀により六男二女ことごとく呪い殺され、ついには、斉彬本人をも暗殺されてしまいそうになります。斉彬は学問、特に蘭学に秀でた人物であり、彼を慕い擁護するべく立ち上がったのが高崎五郎左衛門一派の同志でありました。

彼等一派は、次々と斉彬に迫り来る保守派による斉彬排斥の陰謀に、正義派として決起し、お由良側妾を始め一派を除かんと計画します。ところがこれが、保守側に事前に発覚して関係者一党は悉く捕えられてしまいます。

十四名が切腹、遠島十名、閑居十余名にも及ぶ厳酷な処刑が行われました。

この一派の中に、西郷隆盛の父親である吉兵衛が親しく出入りしていた赤山勒負が居た。父吉兵衛が赤山邸へよく出入りしていた関係で、吉之助も大変目にかけてもらっていた。

赤山切腹自刃の当日、吉之助は父と共に赤山家へ駆けつけます。赤山から斉彬公擁立に関する切々たる遺言を受け取ります。それと同時に、切腹で血潮の滲んだ肌着を形見として貰い受けます。帰宅して、親子は血染めの肌着を抱きしめ夜を徹して泣き明かした。

多感な青年吉之助はこの父親の烈々たる心中を察し、奸党撲滅、斉彬擁立を生命を賭して実現しなければ、との思いを心に誓ったものだと言われて居ります。

親友の大久保市蔵の父親もこの事件に連座して遠島処分を受けています。市蔵の父上は西郷の身近な師匠の一人でもあり、この事があって、西郷と大久保は深い盟約で結ばれ、正義派として薩摩藩の改革の有志の指導的な立場を確実にしていきます。

この事件の翌年正月になり、幕府の老中、阿部正弘の推挙と、その他有力な諸侯の助力を受けて四十三歳初老の斉彬公襲封が実現致します。

西郷と大久保を始め同士はこの吉報に喜び、感激を分かちあった事は言うまでもありません。薩摩藩の誇りとして、徳川幕府でも絶大な働きをした名君斉彬公の誕生がこうして実現します。

郡方書役デビュー

西郷吉之助は十八歳で藩の役人に採用され、郡方書役と言う役職で、判り易く言えば、郡の役所で税務署の仕事です。

西郷は「書」が上手で計算にも通じていた。その上、真面目な青年であったので適役とされたようです。彼の家庭としてはこの役職を得て貧窮からの脱出にも繋がりました。辛抱して後には地位も上がります。

西郷はこの役職を十年間も続けております。在職中の上司に、迫田太次右衛門利済と言う長い名前の人物が居た。この上司がまた、学問もあり、見識の高い気骨ある清貧の士であり、青年吉之助の良き師匠ともなった人物であった。

或る雨の日に上司迫田の家へ伺った所、雨漏りの中で、押入れの中に吉之助を招き入れて、税に苦しむ農民の窮状を説いて聞かせるのであった。この上司について学び、感化を受けて、吉之助は各地を回って凶作に苦しむ農民を憐れみ、よく奉行に掛け合って免税をはかってやったりもした。また、病苦に苦しむ農夫を見て、乏しい自分の財布からお金を出してそれを救ってやったりもしているのです。

ある時には、たまたま泊まり合わせた農家の主人が、密かに愛する牛を手放して税金を払うために、夜中に牛との別れを惜しんでいるのを目撃して感動共鳴し、事情を調べて翌朝早速に郡方に駆けつけて、納税額を減じてやった事もありました。

身長一メートル八十、体重百十キロの巨体と巨眼に似合わず、心優しい細やかな心遣いの出来る、人徳を備えていたものと理解出来ます。

郡奉行の上司迫田もなかなかの侍で、風水害の激しい秋の事、藩庁から厳しい税の取り立て指示が参ります。

「今年は多少の被害はあっても、納税の減額は許さぬから、そのつもりで巡視監督をするように」との重税取立てを前提にした通達でありました。

迫田は憤然とします。

「虫よ虫よ、　五ふし草の根を絶つな　絶たば　おのれも共に枯れなん」

右の書を書いて壁に貼り付け、さっさと職を辞してしまった。潔い好漢である。

ここで言う「虫よ虫よ」は勿論藩庁の役人の事。「五ふし草」とは稲の事であり、農民の事を指している。農民に重税を課せば、一時はごまかせても、民を疲弊させて藩の基盤、国の基盤を危うくするばかりである、との痛烈な直言を呈して迫田奉行は辞職してしまいます。

西郷隆盛が終生、生涯を通じて下層農民の良き理解者であり、熱愛者であり続けたのは、この郡方書役で上司迫田との出会い、そして、指導、教育のお陰であったと言えます。大いなる影響を受け、感化を受けた事は確かなようです。

明治維新において、大西郷と言われていた頃の治世の根本策の一つに農業の振興、農本主義を掲げ、常に農業の重要性を力説している遠因は、郡方書役時代に身につけた体験に基づくものであったと言えるでしょう。

薩摩郡旧高城村に妹背橋という橋がある。この橋の竣工の監督にあたったのが吉之助二十歳の時であるが、工事の収支が償わず、会計責任者が辞職せねばならぬことになった。その時に、「責任は吉之助が持つ」として即座に解決し、工事は完成した。との逸話もあります。

これ等数々の逸話は西田実著、「大西郷の逸話」を参考にしました。詳しく調べたい向きには、この玉書の購読をお薦めしたい。刊行、出版社は巻末に載せてあります。

貧居傑士を生ず、西郷隆盛の詩があります。

貧居傑士を生じ、　勲業多難に現る。
雪に堪えて、　梅花麗しく、
霜を経て、　楓葉丹し。

貧しい家から、すぐれた人間が育ち、輝かしい仕事は、難儀苦労の中からできる。
雪の冷たさに堪えて、梅の花は美しくなり、霜の降りる季節を過ごして、楓の葉は赤くなる。

梅の花や紅葉が雪や霜に堪えて美しくなるように、人間も苦しい努力・経験を積んでこそ、実力のある立派な人間になる事が出来る、と論じている。

西郷遺訓の中に

「道を行うに尊卑貴賤の差別はない、堯帝や舜帝は天下の王として、万機の政治を執りたまえども、その元は教師なり。また、孔子は至る処で用いられず、身分低きまま世を終えども、三千の弟子は皆その道を行いし」と言う趣旨が語られている。

これは、西郷隆盛を筆頭に陽明学、朱子学の厳しい理想を掲げた薩摩藩が誇りとする明治維新への原動力として、若者達が身に着けていた一つの気風であった。

薩摩いろは歌にもある。

「楼の上も　はにふの小屋も　住人のこころにこそは　たかき賤しき」

如何に立派な宮殿に住んでいても、粘土のみすぼらしい家に住んでも、そんな事は高貴か卑賤かの尺度にはならない。貴と賤を分けるのは、心の持ちようにこそある。

西郷隆盛を始め、薩摩の改革を推し進めた志士たちを眺めていて、薩摩いろは歌が説得力のあるものに思えてまいります。

「はかなくも　明日の命を　たのむかな　今日も今日もと　学びをはせて」

名君斉彬公との出会い

西郷隆盛は赤貧洗うが如き窮乏生活の中で、優れた先輩・師匠に恵まれ、厳しい家庭教育、郷中教育を受けて育ちました。貴重な苦楽を経験し郡方書役では見識高く奇骨の侍、迫田先輩に高風清節の感化を受けます・齢十八歳から三十一歳の十三年間は、祖父と両親を天国に送ってはおりますが、若き西郷の人格形成の天国の時代とも言えるでしょう。

島津藩二十八代藩主斉彬公の時代が到来して、西郷も人材登用の施策に恵まれ、遂に神とも崇拝する斉彬公の身近に、ご奉公できるようになった。

「龍も天に昇るには雲を得なければならず、駿馬も伯楽が居なければ、駄馬に終わる」西郷隆盛も名君斉彬公に出会い、大西郷となり得た。と断言しても間違いではない。

西郷が薩摩藩の郡方書役として登用されるのは、斉彬公襲封から三年後であるが、その三年の間に下級公務員ではありますが黙々と励んでいた。その間に祖父と両親の三人を亡くしています。西郷は後に、「自分が一番苦しかったのは、この年であった。」と述懐しいおります。

寛永六年（一八五三年）六月、浦賀にペリーが来航し、その翌年、風雲急を告げる江戸へ斉彬公が出府する事になります。この行列の従者として西郷は、藩主斉彬公と共に江戸へと向かう事になった。

これが、名君斉彬公と西郷の、君臣親密な交わりの幕開けとなります。

行列が鹿児島城下を出て、伊集院の水上坂の御茶屋で藩公が部下の者に、

「今度の供の中に西郷吉之助と申す者がいるはずだが、どこにいるかな」と問います。

「あそこの数人の若者の中で、図抜けて大兵のものがおりましょう、あの者で御座います」

藩公は、この時、頼もしげに眺めるだけで声を掛けてはおりません。

江戸に着いて数日後、西郷は「お庭方役」を拝命して、ここから親密な交わりが始まります。

西郷吉之助の素朴で誠意に満ちた気骨の逞しさは、俊敏聡明な斉彬公に、すぐに見抜かれる処となります。身分の低いお庭番の吉之助をお座敷へ招き入れると言う、異例の扱いを受けた吉之助の心中は如何ばかりなものであったろうか。

斉彬公は西郷吉之助に当面の天下の諸問題、地球儀を前にして、世界の情勢を説いて教えました。皇国日本がアジアの中で如何にあるべきか、広大な皇国論、世界観を承る毎に啓発され、やがては天下の西郷への精神を、この時以来叩き込まれていくのでした。

斉彬公は吉之助を薩摩を代表する人物にするために、江戸詰めの有力諸侯や有志等とも交際をさせ、見識を広めさせている。時には藩主と家臣の立場を忘れて、お互い膝を交えんばかりに議論し、相接しての親密な関係となっていきました。

或る諸侯の一人が西郷に「斉彬公と言うお方は、いかなる御方でございますか」と尋ねたところ、西郷吉之助は粛然と襟を正して、

「我々如きものが、左様なことが申されるか。あたかもお天道さまのようなお方だ」と答えたとの事です。

かくて、西郷吉之助は斉彬公の絶大な庇護とご信頼を受けて、藩の事、国事の事、藩侯の手足となって東奔西走してご奉公に励みました。

安政元年から四年余、江戸での活躍、その間に取り交わされた数々の書状は、「大西郷全集」第一巻に収められており、それを拝読しても西郷の活躍を伺い知る事が出来ます。

斉彬公のお側にあり、諸侯の間を往来して、天下の志士、要人に知遇を得た事が西郷の人格、人間形成に大いなる収穫をなしている。筆頭に上げるならば、勤皇派で名高い水戸藩の「藤田東湖」、「東湖と言う人は、まるで山賊の親方みたいだ」と称しながら、西郷が最も畏敬する師匠であった。西郷この時二十八歳、東湖四十九歳の出会いでした。

西郷とあまり年の隔たりはないが、越前藩の橋本左内が居た。橋本左内は越前福井藩の藩主松平慶永（春嶽公）の懐刀として活躍した人物。幕政の改革を断行し、統一国家の実現に縦横の活躍をした人物だけに、西郷とは心の琴線に触れ合うことの出来る同志としての素晴らしい友でもあったようです。この御仁は後に、井伊大老の安政の大獄に捕らえられ、処刑されて果

てた人物として有名である。

「井伊直弼も、橋本左内の如き人まで殺すようでは断じて許しておけぬ」と西郷は後に天を仰いで痛惜しております。左内の処刑は安政五年十月七日二十六歳の時、西郷が三度目の島流しになり、沖永良部島で幽閉されていた時の事でした。一方、西郷は朝廷・公卿との交流の中でも、近衛公や清水寺の勤皇派の僧「月照上人」とも親交を持つに至った。丁度この頃に、西郷が神とも崇めて命をかけてご奉公し、敬慕していた斉彬公が突然の病で急逝されてしまいます。西郷はこの時、斉彬公の墓前で殉死を決意して居たのですが、それを説得して思い止まるように尽力したのがこの「月照上人」でした。

薩摩では藩侯も久光公に変わり、西郷にしてみれば、生き甲斐も希望も夢も無くしてしまい、僧月照に励まされなければ生きる気力さえも失いかねない状態であったのでしょう。追い討ちをかけるように、幕府は、勤皇派、尊皇攘夷運動の弾圧を強化していきます。僧月照の身辺にも追手が迫り、朝廷側の近衛公は西郷に密かに「月照上人」の保護を依頼したのです。この世で命を懸けてもと慕っていた主君亡き時に、近衛公に、月照上人の庇護を頼まれて、一つの使命感さえ持ったのかもしれません。

西郷は仲間と相計り、「月照上人」を匿って薩摩へと向かうのです。

至純の心・月照和尚との入水

京都では勤皇の志士達の逮捕が相次ぐ中、西郷と月照和尚一行は捕吏の網を潜り抜け、大阪まで辿り着き、九月二十四日大阪を発ちます。下関に着いたのが三十日と言いますから、六昼夜かかっております。

鹿児島に着いて見ると、形勢は一変しており、井伊大老の恐怖政治の前に怯える者ばかりで、とても月照を匿ってやれる雰囲気では無くなっていました。

流石の西郷も近衛公に約束した手前もあり、責任の取りようもありません。幕府の捕吏に引き渡せば国境で殺害されるのは明白です。斯くなる上は道は唯一つ、月照和尚諸共にこの命捧げる事しかないものと覚悟を決めます。西郷と言う人は約束したら命を懸ける心構えの出来る人であったのでしょう。

安政五年（一八五六年）十一月十五日満月の夜の出来事です。加治木町の俵屋の船を借り受けて、船頭役の平野国臣、薩摩藩の見張り番の藩臣坂口、月照の従者を伴い五人が錦江湾を沖へと漕ぎ出します。満月の下、船上で酒を酌み交わし、平野国臣の笛の音を肴にしながら西郷と月照二人は暗黙の内に覚悟を決めていたのです。

船は沖へと進む中、平野と下僕の重助も、見張り役の坂口も旨酒に酔い伏してしまいます。西郷と月照の二人は船の舳先へ出て対岸に見える平松心岳寺を望見しながら、島津家の自刃の秘話など語り合います。やがて月照和尚は懐から矢立を取り出して、辞世の句をしたためて西郷に渡します。

曇りなき　こころの月も　さつま潟
　　沖の波間に　やがて入りぬる

大君の　ためにはなにかをしからん
　　さつまのせとに身はしずむとも

西郷はその句を読んで頷き、懐にしまい、月照の手から筆を借り受けて、

ふたつなき道に　この身を捨小船
　　波たたばとて　風吹かばとて

と記して月照に渡した。

やがて二人は西方浄土に合掌して抱き合い霜月の冷たい海面に抱き合って入水しました。

突然の水音に驚いて三人が目を覚まします。西郷と月照の姿は海中に没して海面は何事もなかったかのように月明かりに光って見えるだけでした。

突然の思いがけない、予想もしていなかった出来事に、三人は慌てふためき船を回して海面を探しますが、入水した二人は見つかりませんでした。

一同は悄然として半ば諦めていてもその場を離れる気になれず、船をぐるぐる回していると、目前の海面に忽然と抱き合った二人が浮かび上がってきました。旧暦の十一月は陽暦の十二月にあたります。海水温度も相当に低く、引き上げた二人の体はすっかり冷え切っておりました。

三人の者は自分の着物を脱いで着せたり、体で暖めたり、人工呼吸を試みながら西の岸へと船を漕ぎ着けました。漁師の家から雨戸をはずして二人を運び、焚き火をして二人の体を温めたり、水を吐かせたり手を施しました。月照は蘇生することなく息絶えてしまいました。ところが、西郷は体温が出てきて、やがて呼吸をするように蘇生したのです。

天は西郷に、まだまだ死してはならぬと、宿命を告げたものでありましょう。

平野と坂口は月照の死と、西郷の蘇生の顛末を藩庁に報告して検死を受けた。死体は藩庁の用意した棺桶に収まり埋葬されます。

一方の西郷は駕籠に乗せられて西郷家へと帰宅しました。西郷家には大久保、吉井、有村等、その他の同士が駆けつけて枕元に居並んだ。

西郷は「月照どんは、月照どんは……」どうしましたか、を繰り返す始末でした。

この時、西郷三十一歳、一方の月照は四十六歳です。体力的にも若さでも西郷は助かり、月照は蘇生ならなかったのは無理もない事です。

西郷は意識を取り戻しても暫くは朦朧としている中で、「月照和尚一人死なせて……」と繰り返すので、枕元に居並ぶ家族や友人は心配して、自殺されてはならじと、刃物等を悉く隠して見張りました。

この事件の頃、幕府の役人が鹿児島へも探索に来ていたので、月照と西郷二人共入水自殺したものと報告して、埋葬し墓まで建てて処理したのでした。

西郷は名前を菊池源吾と改め、奄美大島へと身を隠すことになります。

西郷隆盛の死生観

「人間の死生も興廃も、すべてこれ天の配剤、人事を尽くして天命をまつあるのみ。この外に人の行くべき道はない」

ここに西郷隆盛の死生や成敗や浮沈に心を悩ますべきものでない、とする徹底した崇高な精神を見る事が出来る。

中国陽明学の始祖「王陽明」の死生観を次に紹介してみます。

「世人は、とかく唯自分が無事に、生き続けることばかりを重大事のように考えて、人の道を全うするためには、死ぬべきか、死なざるべきかという重大な段になっても、一向にそれを問題にせず、どうにか上手にやってのけ、自分の生命を保とうとばかりする。だから天理をかえりみず、良心を曲げ、義理にそむくようなことでも平気でやってしまう。だが、もし天理に背き、良心を曲げてしまえば、それはもう、禽獣と変わりはない。たとえ生きながらえても、この世に百年千年生きたとて、ただ百年千年禽獣であるにすぎない。仁義は生死の問題に先立つ。人間は明白にそれを考えねばならぬ。」

西郷の大西郷たるものの一つは、この他に人の行くべき道はないとして、陽明学で得たこの訓言を終始一貫して実行し、行動で示している事だと思う。

神とも慕い尊敬していた斉彬公の墓前で殉死する覚悟をしたり、責任使命を重く感じて月照和尚と入水自殺を決行したり、何時でも、何処でも自分の一命を懸けて事を行う、この姿勢は大西郷の終始一貫した生き様に垣間見ることが出来ます。

「命懸け」

と言う表現がぴったりだと感銘いたします。

「地位も名誉も金も要らない。命もいらない。」

始末に困る男である。と称される。これこそが大西郷の魅力でありましょう。

奄美・龍郷での暮らし

江戸徳川幕府の尊王派追討から身柄を隠すために薩摩藩は、「西郷は錦江湾で入水自殺し果てた。」として、名前も「菊池源吾」に改めさせ、しばし奄美大島へ遠島処分にしております。流罪人・島流し流刑人ではなく、藩から扶持米を年間六石も支給されての遠島でした。囚人扱いではなくて、薩摩の大久保や海江田等の仲間と文通も許され、自由に読書をしたり、釣りや狩りも出来る暮らしでありました。

島の住民も図体の大きな巨眼の西郷を見て、最初は警戒し、鬼がやって来たぐらいの衝撃を受けてしまいます。ところが、日が立つにつれて子どもたちが懐き、大人も人柄が判って来て親しくするようになります。西郷の人に好かれて尊敬される人徳は、辺境の離島奄美でも遺憾なく浸透して行きました。鹿児島から届く扶持米や煙草、お茶等を気前よく分配して村人に情けをかけてやるのですから、その行為とご恩に報いるためにと、身の回りの面倒を見る愛加那と言う島娘を、島妻として西郷に勧めます。西郷は最初辞退するのですが、新しい住居をつくってくれたり、熱心な住民の親切に甘えて所帯を持つに至ります。この島妻「愛加那」との間に一男一女を設けることになります。奄美・龍郷で生まれた長男が菊次郎と言い、後に京都市長になった人物です。妹の名を菊子と名付けている。菊池家の菊を付けているのがいかにも西郷らしいところだと思います。菊子は、かの有名な大山巖大将の弟さんの奥さんになっています。先にも紹介しましたが、京都市長になった菊次郎は、京都の町に琵琶湖取水を利用して発電を起こし、日本で最初に市電を走らせた名物市長として知られています。

ところが、菊次郎は十七歳の時に、高瀬の役の戦いで負傷し、片足を失っています。義足であった事もあり、あまり市庁舎へは顔を出さない、珍しい市長さんだったとも言われている。

菊次郎は奄美・龍郷で九歳まで暮らして、その後鹿児島へ引き取られている。妹の菊子は明治八年まで奄美の母親のもとで暮らし、十四歳で鹿児島の西郷に引き取られております。

島妻の「愛加那《あいかな》」だけはとうとう奄美諸島から鹿児島へ出る事もなく、明治三十五年八月二十七日、六十六歳で没しております。終生独居して島暮らしを貫いているのです。

西郷の島妻であった愛加那のお墓は奄美大島龍郷にあります。

西郷は、この「愛加那」を妻に迎えて以来、島の住民から子弟を預かって塾を開き、島のお師匠さんとして評判になります。

吉田七郎と言う島の代官、現代風には集落の村長の役職にある、間切横目《まぎりよこめ》の役人、また島の豪農で竜佐民等は子どもたちを、西郷に委ねて勉学させるようになりました。

このように、西郷が龍郷で子弟の教育をしていた影響で、以来、龍郷村から大正・昭和にかけて有名な人材が多数輩出しております。

西郷が龍郷で暮らした年月は三年二ヵ月足らずですが、その間に二人の子宝に恵まれ、多くの子弟に学問を教え、その上、薩摩藩の悪政に、塗炭の苦しみに喘ぐ農民を見逃しには出来ず。薩摩の役人に掛け合い、窮状を救ってやっています。島の救世主だと称される働きをしております。西郷が親友の大久保利通に出したとされている手紙がある。

「何事においても苛政の行われ候儀、苦心の至に御座候。当島の態、誠に忍ばれざる次第に御座候。松前の蝦夷人などより甚だしく御座候次第。苦衷の苦、実にこれほどだけはこれ有るまじくと相考居り候処。驚き入る次第に御座候」

薩摩藩は奄美で取れる黒砂糖を全国に一手販売出来て、藩の大きな財源としていた。黒砂糖は「薬糖」として全国に宣伝され、薩摩の大きな特産品となり、当然のこと、島民は砂糖キビ単作農政を押し付けられ、他の作物の栽培は一切禁止され、砂糖とお米を交換して食する状態となっておりました。そこには、役人が私服を肥やす仕組みもあり、役人天国、農民地獄の構図ができあがっていたのです。

西郷は役人の横暴だけは絶対に改善しなければと、悪徳役人を巨眼で睨み付けて戒め、悪政に苦しむ農民を救済しております。自分で作った砂糖の一欠けらも食する事が許されず、子どもが砂糖キビを齧る事すら罰せられる掟の中に暮らす農民としては、西郷の救済は神以上のものであった事は容易に理解出来ます。

「抜糖死罪令」と言うこの世では極めて厳しい法令を以って、奄美の農民は薩摩の役人に苦しめられていた。嫌疑をかけられて拷問折檻を受けている農民を見ると、龍郷村から名瀬の代官所まで夜の山道を馬を飛ばして駆けつけて代官と論戦し、厳罰に苦しむ農民を解放してやったりもしています。西郷は斉彬公のお側にお仕えしていたほどの著名人であった訳ですから、島の田舎役人、代官と言えども、西郷の忠告、申し立てには従うしかなったのも頷けます。

過酷な悪政に塗炭の苦しみに喘いでいた島の農民が、西郷によってどれほど救われ、恩恵に遭遇した事かは想像がつきます。

西郷が奄美・龍郷に居た頃、万延元年（一八六〇年）の三月三日。時の大老井伊直弼が桜田門で暗殺されます。西郷は大久保からの手紙で四月になってからこの事を知ります。

薩摩藩の有村治左衛門が、水戸藩の同志と組んで大老の首を挙げたと便りにあり、それを読んだ西郷は「天下の一大快挙だ」と飛び上がって喜び、村を挙げて酒宴を開いて居ります。

桜田門の関係者として有村は切腹を命ぜられて見事な最後を遂げるのですが、この切腹の際にご母堂が詠んだ詩がある。

「雄雄しくも　君に仕える　もののふの　母てふものは　あわれなりけり」

後日談となりますが、西郷は奄美から召喚されて真っ先にこの墓参に出向いています。

奄美・龍郷からの召喚

西郷の奄美・龍郷での生活は、三年二ヵ月に及んで幕を閉じます。その間には一男一女を設けて井伊大老の死を知る事もあった。辺境の離島に避難していたればこそ、幕府からの勤皇派狩りからも難を逃れる事が出来た。安政の大獄で尊皇攘夷を叫んだ、あたら有能な有志が悉く捕らえられ処刑された中で、西郷は神に導かれ守られて、奄美で英気を養う運命にあったものだと考えられます。

奄美の孤島にありながらも、常に大久保、その他の同胞等の書簡によって西郷は国許の事、京都の動き、久光公の公武合体論等事細かに知り得ていた。

久光公が兵を率いて京都に上る事になり、京都へ上るについては京都での有力諸侯や公家達との交流があり、斉彬公時代からの、人脈の豊富な西郷という人材の登場が必要となります。大久保利通等の強い要望・説得に応じて、久光公はあまり乗り気ではなかったのだが西郷召喚を許可したのでした。

西郷召喚の鰹船は枕崎港を龍郷へと出港し、文久二年一月十二日に龍郷に着いております。西郷はここで又名前を「大島三右衛門」と改めて、一月十四日召喚船に乗って鹿児島へと向かいます。奄美を出港後は折からの季節風の嵐に合い、二回も引き返す始末で、鹿児島に着いたのは翌月の二月十一日であった。西郷隆盛三年二ヵ月ぶりの帰郷であった。

西郷を奄美から召喚しなければならないとの機運は、井伊大老の死後、久光公も政治の実権を握り、一時勢力を失いかけていた勤皇派が勢力を回復して、天下の公武合体論を成し遂げるべく、行動を起こした背景があった。久光公の側近には小松帯刀・大久保利通はいても、小松家老は人物的にはお国侍の程度であり、利通と言えども西郷に比べれば、京都に出ては所詮田舎者に過ぎず、ここに至っては、京都での活動・活躍には西郷の力を頼りにするしか無かった。

ところが、元来久光公はお由良騒動以来西郷とは仲が悪く、藩侯は斉彬公の寵愛を一身に受けていた西郷を妬み、憎しみを抱いているのが実情であった。

天下の志士諸侯との深い交わりにあった西郷の出番は、正しく時勢の流れに吸い寄せられて行くが如きものであった。久光公も一人抵抗しては居れない状況に至ったものである。

「天の此人に大任をくださむとするや、まず其の心志をくるしめ其身を空乏すと、まことなる哉此言、唯友人西郷氏に於て之を見る、今年君の嫡居せられし旧所に碑石を設くるの挙あり、島民我が一言を需む、我卒然としてこれを誌し以ってこれに応ず。」

明治二十九年　晩夏　　勝　海舟

龍郷にある碑文である。

藩主 久光公との軋轢

西郷が奄美・龍郷からの帰還の翌日、西郷は大久保利通はじめ、勤皇の志士同士等との会合に臨んでいる。席上で久光公が公武合体のため、大軍を率いて上洛する策であることを利通から聞きます。西郷はこの策は下の下作だと意見を述べています。

「久光公は田舎者である。斉彬公の足下にも及ばん」とまでいい放ったと言います。

西郷はその翌朝に早速久光公に拝謁し、上洛の策は一々急所を就いて下策だと論じています。水戸藩と並んで勤皇勢力の二大主柱をなしていた先代の斉彬公と比べれば、久光公は天下の形勢の見識に劣り、取り巻く側近にしても器量識見はレベルの低いものに思えたらしい。

西郷が鹿児島に帰着して見ると、誠忠派も以前と違って伸び上がり、逆上している有様であった。そんな取り巻きの中で、久光公が大軍を率いて京都へ向かうというのは、幕府の形勢、諸藩の事情、国体の事をも弁えず、盲蛇に等しいものだと考えたのであろう。西郷は久光公にいろいろと具申しますが、元来好意の持てない西郷の意見は悉く却下されてしまいます。

久光公に今回の策は、甚だお粗末極まりないものであるからとして、西郷は二策を申し出ています。先君の斉彬公のように、大藩の諸侯とご交際ご交流があれば兎も角、いきなり合従連衡し、京都のご警護をなされようとしても、それは決して成功おぼつかないものだと西郷は考えたのである。

西郷は次の二案を申し上げております。

一つ、是非ご参府は御引き伸ばし、幕府へは参府に出発しようとしたところ、藩内は非常の状態であり、藩内の人心が動揺し、号令も無視し、めいめい脱藩しそうな勢いになり、騒動になるから、本年の参府は延ばし、家老を代理として参府させるというご趣旨にて、御延期なされたく、また藩内では、ご家老連が御危み申し上げ、御引き止め申し上げている旨を御上申なされるよう、と言うものでした。

二つ、是非ご参府が御延引出来ないとあれば、天佑丸にて関東までご乗船なされて、ご参府あらせられたい。そうすれば、違変軽重を比較しますと、京都では変動が生ずることは間違いありませんから、難易の点から申せば、海上の方が軽くてすみますから、右のようにご計画なされるように、と申し上げている。

久光公は既に今回の策は「お届け済み」であるとして、西郷の意見を二策とも無視してしまったのです。

西郷は久光公の態度に匙を投げて、足の痛み治療を口実に指宿温泉に湯治と称して、隠居してしまいます。指宿で湯治中の西郷の元へも、久光公上京の事情を探り、確かめるべく、諸藩から有志が鹿児島へ参っていた。

久光公の上洛を機に諸国の志士の動きもいよいよ高まり、過激な行動が懸念される事態が起こって参ります。久光公と西郷の間にあって、大久保は過激に突進せんとする動きを、上手く収める事の出来る人物は、西郷をおいて他にいない事を考えて、西郷の出馬を熱望、懇願します。

西郷も大久保の苦境、心中を察して、指宿の湯治から出て参りました。早速に九州諸藩の動静や、有志の状態を視察する事を承諾して、三月十三日、同志の村田新八、森山新蔵を伴って鹿児島を出発しました。一行は下関まで辿り着きます。三月二十二日、異変が起きました。

下関で平野次郎国臣と会見します。平野の情報は、現在の京都は尊王倒幕の志士の挙兵が噂されていて、形勢は一刻の猶予もならぬ緊迫した状況である。と言うものでした。心の逸る西郷は久光公の下関にて待機しておれ、との君命をかなぐり捨てて、久光公入洛に備えて万全の体制を整えるべく決して、急遽京都へと向かった。あくまでも久光公入洛に備える志によるものであったのだが、聞き分け道理を弁えない取り巻き連中の偽言を信じ、久光公は、君命に逆らって勝手な行動を起こした。志士達を集めて謀反を起こしかねないとして、激怒致します。

四月八日。久光公は海路播州に着きました。そこで、君命に背き、浪士と結託し暴挙を計る者だと誤解して烈火の如く怒る。そして、即刻西郷を逮捕し、遠島処分が言い渡されます。

奄美・龍郷から召喚されて僅か一ヵ月余り、丁度四十日目にまたしても島流しの遠島処分が言い渡されます。先の龍郷の時は罪人ではなく、扶持米まで下賜されての自由な身柄でした。今回は逮捕され罪人扱いとなります。

盟友の大久保は久光公の怒りを何とか解いて西郷の救助に苦心致しますが、藩侯の怒りは収まらず、遠島処分が言い渡されてしまいます。

大久保はこの時、西郷を海辺に誘い出して、西郷と刺し違えて死のうと決意していました。大久保もまた西郷と同じで、何時でも命を懸けて事に臨んでいた人である事が分かります。

「我々が死後、誰かよく勤皇の大志を貫徹する者があろうか。余は君命を奉じて帰藩すべし。足下は宜しく留まって後事に当たれよ」と西郷は大久保を諌めて、刺し違い自決を思い止まっております。大久保も西郷の心中を察して二人は抱き合って泣いている。

西郷は先に、月照上人と錦江湾で自殺未遂を起こし、この度も大久保と危うく自決する寸前まで、深刻な状況を体験してしまったわけです。西郷は大阪追放後、流罪人の烙印を押され、大阪から天佑丸に乗せられて薩摩へと向かいます。同伴していた村田新八・森山新蔵も共に乗船しておりました。この森山新蔵は、誠忠組の寺田屋事件で殉死した新五左衛門の父親でした。自身逮捕された上に息子が寺田屋で殉死した事を聞き、身の不幸を思い、船中で密かに自刃して果てました。

「生きのびて　何かはせむと深草の　露と消えにし　人を思うに」

森山新蔵の辞世の句です。

寺田屋で殉死した息子二十歳。父親新蔵四十二歳の厄年の出来事でした。

この度の事件は薩摩残留の誠忠組の間で大騒動となりました。しかし、筆頭家老が久光公直接の命令書を受けているので如何ともなしえず、警備を厳重にして対処するしかなかった。

西郷と村田を乗せた天佑丸は天候不順や藩庁との連絡に手間取り、薩摩半島山川港に二カ月も滞在してしまった。その間、上陸は許されず、西郷の実弟や叔父を始め同士や友人も山川港へ駆けつけますが、面会は一切許されなかった。西郷を子どもの頃から可愛がっていた祖母の死が飛脚でもたらされますが、帰宅して焼香さえ許されるものではなかった。

西郷と村田新八、船中で自刃して果てた森山新蔵三名への罪状は次の如くであった。

一、浪人どもとくみあい決策を立てたこと。

二、若い者どの尻押しをしたこと。

三、久光公の御滞京を企んだこと。

四、下関から大阪へ無断で飛び出したこと。

以上の四件となっている。

この事からしても、久光公の軽薄な嫉妬心、恨みとしか思えないものと判断できよう。

徳之島への流罪

文久二年六月十八日。西郷を乗せた船は徳之島の西海岸、現在徳之島空港のある南側、湾屋川の河口に上陸しています。（正確には湾仁屋と書くが通称湾屋とする）

現在でも河口に「西郷隆盛上陸記念碑」が建っている。西郷と共に乗っていた村田新八はと言うと、途中の喜界島で降ろされている。西郷は徳之島、村田新八は喜界島へと二人を分断して流罪地も定められているのです。後に西郷は三度の流罪を申し渡されて、沖永良部島へと流罪地が変更されますが、二年後に鹿児島へ召喚の際には、又藩侯に無断で喜界島へ船を回して、村田を連れて帰藩するのである。

「村田なくしては自分は十分なご奉公は出来ない。咎めは自分が受ける」との信頼関係の二人であった事がわかる。

さて、流罪人を受け入れた徳之島とは、どんな島であったのか、現在はどうなのかを見てみましょう。九州の最南端が薩摩藩、現在の鹿児島県です。海を渡ると、鉄砲で有名な種子島、その隣に聳える山が「世界遺産」に登録した屋久島である。ここから台湾までの間に約二百を数える島並みが連なっている。これを琉球弧、南西諸島と称している。

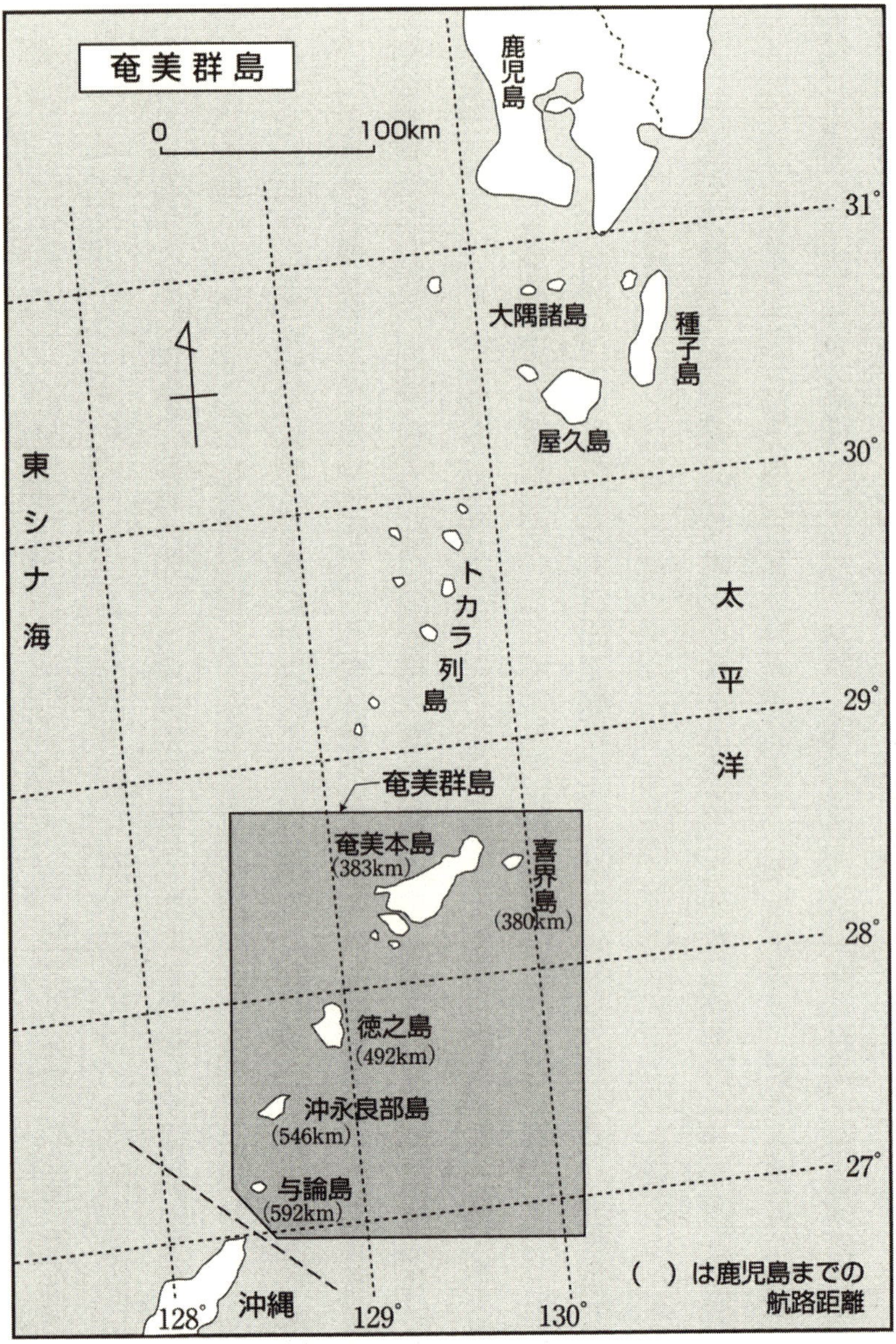
奄美群島
0
100km
鹿児島
大隅諸島
種子島
屋久島
東シナ海
トカラ列島
太平洋
奄美群島
奄美本島
(383km)
喜界島
(380km)
徳之島
(492km)
沖永良部島
(546km)
与論島
(592km)
沖縄
31°
30°
29°
28°
27°
128°
129°
130°
( )は鹿児島までの
航路距離

徳之島は沖縄と薩摩鹿児島との丁度中間ほどの位置、東経百二十九度、北緯二十七度にあります。現在の人口は二万八千人ほど（平成十七年度）、総面積は約千二百平方キロもあり、三ヵ町からなっており、南西諸島の中では山岳が少ない方で、耕地面積においては一番恵まれています。鹿児島からは四百七十キロ、大阪から約一千キロ、東京からだと一千四百キロも離れた孤島です。現在では飛行機で鹿児島から約一時間。船便では一夜で行き着く便利な時代ですが、薩摩藩統治の頃は島々に寄港する関係もあり、十日も半月もかかる辺境の島でした。最近では世界一長寿者の「泉重千代」と「本郷かまと」さんの二人も、この島から輩出している事で俄然知名度を上げています。大相撲横綱初代の「朝潮太郎」もこの島の出身。マラソンの高橋尚子選手のキャンプ地としても有名を馳せている。

徳之島は薩摩藩が琉球侵攻で勝利して、琉球国の統治から離されて、薩摩の戦利品として薩摩の支配下になりますが、文久三年（一八六三年）以前は琉球国、つまり沖縄県であったのです。琉球国に服従する事三百四十年、それ以前は「奄美世」として独自の文化があったようです。

琉球国統治の頃は農作物と、自然環境に恵まれた島として重要視され、琉球との交流は頻繁にして、言語や風俗、習慣は著しい影響をうけています。女性が頭の上に物を乗せて歩く等の習慣は、お隣の奄美大島では見ることの出来ないものの一つです。現在でも鹿児島県に属していながら、蛇味線文化の中にあります。

島で一番高い山は海抜六百四十五メートルの「井之川岳」、二番目が五百三十三メートルの「天城岳」だ。観光客が徳之島空港に降り立って先ずは仰ぎ見る山が北の方角にある。この山を「寝姿山」と称している。天城岳から東シナ海に流れ込むように、まるでご婦人が仰向けになって、海水で髪の毛を洗っている様に、似ている事から名付けられたものらしい。島の中央に天城岳と井之川岳を結ぶように、幾つかの山が連なり背骨のようになっていて、山裾は東が太平洋へ、西は東シナ海へとなだらかな傾斜をなしており、従って耕作に適した地形となっているのです。

西郷が上陸した天城町の湾屋川河口と言う所は、島で出来る黒砂糖の積み出し港でした。川の上流には祖霊まします「大和城山＝やまとぐすくやま」や「大城山＝おおぐすくやま」があり、西郷はよくこの山に登り、過去を追想したり、瞑想に耽った山だと言われている。

西郷の追想はこうでした。

己が「久光公は斉彬公の踵にも及ばぬ」と言ったのは、己の言い方が露骨であったろうけど、それは争えぬ事実である。その批評こそが己が遠島にされた第一の原因でもある。久光公にしてみれば、家来の口から、批判・悪口されたのが、不快であったことは言うまでもありません。

要するに、「己の意見は久光公には到底通じない。しからば本土に己の居ることは、公や側近の者にとっても邪魔でしかない。単なる意見の相違にあらず、思想の根本的背理だから妥協の途はない。いずれか一方が譲らない限り折り合う方法はない。今の状態で、国内に混乱を生じない限り世の中が推移して行く以上、己は上国する必要はない。滞島を願って安らかな日を島で送ろう。その方が久光公の為にも、同志の為にも上策だ。」

久光公の逆鱗に遭遇した時には、西郷は既に殺されても仕方が無い、とまで腹を括っていたので、徳之島遠島で済んだことを、むしろ感謝に考えていたのではなかろうか。また、己が遠島になっても、大久保が居るではないか、彼が居るかぎり、己が南の孤島に居ても力強い希望を持つ事が出来たのでした。

「大久保どんは偉い男じゃ、国元のこと、同志の結束のことは彼に任せておけば大丈夫じゃ」

西郷の結論はこのようになるのであった。

打ち首にもならず、徳之島遠島になった事は薩摩のため、同志のため、自分のためにもなる事だと納得して徳之島へ上陸しております。例え自分がいなくても信頼できる大久保がいるから、安心して自分は南海の孤島で、静かに時の流れを見守って暮らしていく事にしよう、と覚悟をきめていたものと思われます。

西郷が湾屋港に着いたのが六月ですが、新暦では七月にあたり島ではすでに夏であります。南国の厳しい日差しの中、砂糖積み出し港の湾屋港に久しぶりの船が着いて、近隣から大勢の村人が集まります。薩摩からの便りを乗せて来る船の出入りはこの島の文化の玄関口のようなものです。群集は船を見物するだけでも楽しい体験となります。

役人らしき侍に連行されて、異人の様な風貌の大男が上陸して参ります。村人の中から異様などよめきが起こります。その名は「大島三右衛門」と申して、流罪人であることが知らされます。どよめきが驚きに変わります。

島の代官所や村の惣横目《そうよこめ》に身柄の引渡し、並びに遠島処分の書付けが船着場係りに渡されます。係りの者も西郷に恐る恐る近寄って挨拶を致します。威圧感を持ちながら近寄って見て、会釈を交わしただけでも、大男に似合わず、親近感の持てる不思議な魅力を備えた人柄である事を察知いたします。人を引き付け、魅了し、安心して親しめる中にも威厳を保った雰囲気というものは、南海の人々にも素直に通用する西郷独特の魅力とでも申すべきでしょう。

西郷はひとまず港に近い「湾《わん》直道《なおみち》氏」の屋敷に休息をとる事になります。屋敷は石垣に囲まれ、暴風よけにガジュマルが覆い繁った、芝の庭が南の太陽を一杯に受けて青々としている清楚な佇まいでした。

この屋敷で村役人である惣横目の到着を待つ事になります。

村の惣横目は「琉《りゅう》仲為《なかため》」と言う人物。彼は私財を投じて村のために尽くした、信望篤いなかなかの役人として知られた人である。薩摩藩統治になる以前は、琉球王との血縁に繋がる家柄でありました。薩摩藩は奄美の者には姓名を一字だけ許す制度をとっており、仲為も琉球王との関係を認めてもらって「琉」姓を名乗る事が許されていたのでした。

琉仲為には子どもが出来ず、養子縁組で甥を実子として面倒見るのですが、最初の養子の子は早死にしてしまいます。二度目の養子を「仲祐《なかゆう》」と言います。体格がよくて後に西郷の相撲の相手をしております。ところが、皮肉なもので、強健であったこの「仲祐」も後には西郷の弟子として京都まで登り、不幸にも西郷と体型が似ていたことが禍して、西郷と間違われ、新撰組の土方歳三の刃にかかり京洛の露と消えます。若干二十一歳でした。

仲祐は惣横目「琉仲為」の大事な跡取り息子であったのに早くしてこの世を去ります。この事は、後段で詳しく述べる事に致します。

西郷が湾屋港に上陸して、湾宅にいる事が役人仲為の所へ知らされました。仲為は息子仲祐を伴って湾屋港へと牛に車を曳かせて向かうことになります。親子二人は牛車には乗らず、牛の手綱を持って語らいながら、徒歩を楽しむかのようでした。お客人には荷物もあろうからと、牛車を用意しての出迎えです。

仲為は元来から琉球の血を受け継ぐ人間でもあります。それと、薩摩の御殿様の圧政に、塗炭の苦しみを強いられている現状から、薩摩藩の御殿様には些か不満と反感を持っていた。その御殿様から流罪を申し渡されて来た流人に対して、他人事には思えぬ被害者意識と同情が必然的にあった事は確かでしょう。

西郷と仲為・仲祐の出会い

惣横目仲為親子が、流人西郷が休息している湾屋港の湾屋敷に到着してみると、芝の庭先には老若男女が一人の大男の周りに群がっていた。入り口から庭の隅々にまで、観葉植物のクロトンや提灯花（ハイビスカス）の赤い花が咲き乱れ、人々は花の枝を掻き揚げんばかりにして詰めている。まるでそれは、伝道師か神が天孫降臨して、民に救いの手を差し伸べ、庇護し給うている様相に見えた。庭先の一人が「仲為主がお見えだ」と叫んだ。

西郷がこの港に上陸して一週間もしてからの訪問であった。

屋敷内の視線が一斉に門口に向けられた。

西郷も村役人の到着だと分かり、皆の囲みから進み出て、頭を下げて、おもむろに、

「お世話になり申す」と丁重にご挨拶します。

巨体、巨眼の西郷の口からの第一声は和言愛語、温もりさえ感ずるものでした。

屋敷の主の湾直道氏が西郷と役人仲為の間に割り込む様にして、口を挟みます。

「このお方は島の言葉が分かります」と説明してくれました。

それもそのはずです。僅か四ヵ月前には同じ奄美の龍郷で三年も暮らし、二人の子どもまで

いるのだ。流暢とまではいかなくても島口、方言が通用するのは幸いな次第でした。

役人仲為は流罪の通達書には眼もくれず、西郷個人に限りない魅力と、関心を持ってしまいました。艱難辛苦を物語る風貌、流罪人とは思えない尊厳を備えている事は、語らずして歴然としています。多くを詮索する必要等微塵も無い。これまでも幾度が流罪人と立ち向かい関わって来ているが、この人物は違う。人物を見定める眼力は仲為の優れた能力・才能でもある。

「ご家族は」仲為が西郷に話を向けます。

「奄美・龍郷に妻、二人の子どもが居ります」

「龍郷なら近々お会いする事も叶いましょう」

「有難うごあす。役人さんお子さんは」

「この者が倅の仲祐です」

役人仲為は背後にいた息子の仲祐の腕を引いて西郷の前に立たせて紹介しました。

この対面が西郷と仲祐の子弟の関係を結び、やがては西郷の身代わりとなって京都まで出向き新撰組の刃に倒れる運命の出会いとなったわけです。

惣横目としての役人仲為は庭に面した縁側に腰を下ろして、西郷にも横に腰掛けるよう眼で合図しながら、腰の煙草入れを取り出して一服やる事にしました。仲祐に炊事場から火種を持ってくるように命じて、キセルにきざみ煙草を詰めながら、

「お煙草はやりますか」と、おを付けて尋ねます。

「船旅の間は煙草も禁じられて居りました。なければ無いでも一向にかまいませんので」

「それは又結構ではありませんか、私などはこれがなくては手持ち無沙汰で困ります」

仲祐が火種をもってきて仲為に差し出します。

仲為は一服やってキセルを叩いて灰を落とす灰皿（煙草盆）がこの家には無いことに気づいて困ってしまいながら、西郷にも一服いかがですかと進めようとします。

「長い船旅でお煙草にもこ不自由した事でしょう。一服やって下さい。」吸い口を拭いてキセルを西郷に渡そうとするのですが吸殻の捨て場に困って居りますと、そこで西郷が、

「お貸し下され」

と言って仲為からキセルを受け取り、自分の掌にキセルの吸殻を叩き落しました。掌が灰皿の代わりとなりました。見守る村人が声をあげます。仲為も咄嗟の事態にあっけにとらわれながら、西郷からキセルを受け取り、きざみ煙草を詰めてそれを西郷に渡しました。西郷は役人仲為の好意をあり難く受け入れて、掌の火種にキセルをあてがって火をつけようとするのですが、もうすっかり火は消えていて煙草につけることが出来ません。

仲祐にもう一度炊事場へ火種をもらいに行かせながら、西郷の掌が火傷していないかしきりに気遣います。

「素振りをやったり、百姓もしましたから手の皮も分厚くなり申した」と説明するのでした。仲為もそれを覗って、納得すると同時に、この侍はやはりただものではない、それに、百姓の真似までされている。一層親近感の持てる御仁だと感動致します。

「仲祐どん、その火を貸して下され」西郷は仲祐から火種を受け取り煙草を吹かせます。

仲祐は大男西郷に親しく名前を呼ばれて感激致します。父がつい先ほど紹介はしてくれていたとしても、もう親しく名前を覚えていたのには少年が感激するのも無理はありません。

西郷にしても、二度目の遠島処分、しかも今回は君命による罪人としての島流しである。船から眺めた徳之島、この島で一生を暮らす事になるかも知れない。果たして島の人々はどんな扱いをしてこの流罪人を受け入れるのだろうか。絶望と不安、失意のドン底にあって、挫折して希望も夢も持てないであろうと覚悟して、上陸してきたものでした。

今、島の村役人「琉仲為」惣横目親子に接し、港に集まった村人の純粋な温かみのある歓待を受けて、想像もしなかった人間の真心に出会えた思いをひしひしと感じていた。

地獄に仏、という言葉がある。西郷の心は癒された。それはやはり、人徳のある村役人の「琉仲為」惣横目の指導監督の下で、この村全体が人の心を大事にする日頃からの暮らし、生活態度、思いやりのある風土から生まれ出ているものとしか思えないのであった。西郷は事態を俊敏に察知出来る達人でもある。人生至る所青山あり、地獄で仏に出会えたのだ。

さて、役人仲為は西郷の身の置き所を自分の屋敷近くにお連れする事を決意します。原則として、本来ならば、島の東海岸亀津にいる島の代官所へ連行して、代官に引き渡すべきものである。それをせずに、仲為は自分の屋敷近くにお連れするように計らったのです。

船から降ろした西郷の荷物を息子の仲祐に命じて牛車に積み込みます。後に一番の愛弟子となって仲間から妬まれるほどの関係となる西郷に対して、仲祐が初めて西郷のためにしてあげたことが、この日の出来事であった。

これまでにも、流罪人に関しては、執拗な追手が現れて暗殺される事もたまには起きる。西郷ほどの人物、久光公に嫌われて流罪を言い渡された者ならば、どんな難儀が持ち上がるか知れない。何としても不逞の輩から、この御仁を守ってやらねばならない。仲為はそこまで考えて屋敷近くに匿うことを決意しております。代官所への連行を硬く拒んで、自分が惣横目として全責任を負って西郷の面倒を見ようと決意したのである。

西郷に事の次第を説明し、岡前邑へと案内する事になります。岡前邑は湾屋港の北東、約三キロの道程である。仲祐が手綱を持つ牛車を先頭に物珍しく、また別れ難く思う村人、特に子どもたちが後を追って従います。珍奇な行列が岡前邑へと続きました。

現在は農地改善事業の名のもと、すっかりキビ畑に造成され変貌して、面影もありませんが、岡前田袋と称して、広大な田園が広がっていたのです。秋には本土から鴨や白鷺、鶴も渡って来るのどかな水田地帯であったものだが、現在は見渡す限りのキビ畑と化している。

現在の天城町にはことごと左様に、水田は殆ど姿をかえて無くなり、キビ一本の単作営農となっている。薩摩藩の圧政のもとでは、強制的にキビ作りだけが強制されて、他の作物の栽培は一切許されないと言う時代がありました。現代は強制ではないのだが、昔と変わらず島全体がキビ作一本に成っており、砂糖の売り上げで、米も野菜も殆ど本土からの食料に頼っております。農家の子どもでありながら田植えを知らないし、稲を見る事もなく成長するのです。薩摩藩統治の頃と全く同じ現象がこの島で静かに浸透しております。違うのは、強制でなく経営の自由があるだけの事です。

さて、横道にそれましたが、西郷一行が列をなして岡前邑へと向かう中で、絣の着物に藁の腰紐をした少年が子犬を引き連れて後をついてきた。

もともと、大の犬好きで子ども好きな西郷は、その少年に声を掛け、相手をしておりました。炎天下の中、子犬は大きな口をあけて舌を出して喘いでいた。

「仲祐どん、少し休む所はありませんか」と西郷は先頭の仲祐に声を掛けます。

「その先に日陰があります」と仲祐が牛の手綱を道の木に結んで一行は小休止します。

目前には広大な田圃がひろがっている。西郷は少年の子犬を抱き上げて優しく撫でながら「犬は暑さに弱い動物だから」と少年に言い聞かせていた。

暑さに弱い子犬のために休息を申し出た事が分かります。

子犬を抱きながら、西郷は再び田園に目を向けて、この土地でなら不自由なくご飯も食べれるだろう、と安心し、希望さえ沸いて来るのでした。かつて、西郷は郡方書役として農家の税金徴収の係りを経験しており、農作物の見積りには鋭い感覚を持っていたのです。岡前田袋には西郷も職業意識で望見し、見積もっていたのでしょう。

西郷がこの時、子犬を抱いて腰掛けていた岩があり、この岩を土地の者は「西郷石」として後世まで語継がれて来たものです。

現在は砂糖キビ畑に変貌しておりますが、当時は村一番の米所であった界隈が岡前集落です。田圃を見下ろせる高台の丘の上に惣横目仲為の屋敷があった。屋敷の近くに「松田勝田」と言う者の家があり、家族も少なく広い空き室もあった事から、西郷の宿舎とされました。

その宿舎跡近くの見晴らしの素晴らしい丘の上一帯が現在は「西郷隆盛公園」として整備され、立派な石碑も建てられております。

徳之島へ観光に行かれる皆さんには、湾屋港の河口にある「上陸記念碑」だけ見て終わらずに、この岡前集落に聳え立つ「西郷隆盛公園」にも是非足を伸ばして欲しいものです。

序でながら、上陸記念碑から西郷隆盛公園へ向かう途中には「特攻・平和慰霊碑」が元飛行場の滑走路跡の北端に鎮座しています。戦時中、ここは特別攻撃隊の最終前線基地であった。

鹿児島知覧飛行場や鹿屋飛行場、万世飛行場などから飛び立って、沖縄へ向かう特攻機の給油、整備の中継基地であったのです。

一般世情では、鹿児島の知覧飛行場・万世飛行場・鹿屋飛行場等が沖縄への最前線基地であったと理解されています。ところが、当時の特攻機は沖縄まで航続するだけの性能はないので、燃料補給と整備の中継基地が必要であったのです。

軍事機密の中で急遽突貫工事で出来上がったのが、「徳之島陸軍飛行場」、いわゆる特攻隊の最前線基地です。多くの特攻兵士は鹿児島を飛び立って、一旦徳之島へ立ち寄り、整備・燃料補給を終えて、翌朝一番沖縄へと飛び立っていきました。

彼等若き空鷲達は最後の夜を、この徳之島で過ごしている。従って、彼等の正確な命日は、徳之島を飛び立った日としなければなりません。

一夜の宿で書き残した「遺書」とも言える半紙に書かれた「書」が、元の宿屋の主人によって保管してありました。遺族の方々にお見せできればとの思いを込めて、「徳之島特攻隊物語」を上梓しております。ご参考になれば筆者の望外の喜びとするところです。

遠島の経緯

西郷は何故に又しても遠島なのか、と言う問い掛けに対して、

「悪いことをしたので……」とだけこたえて、詳しく語らなかったらしい。ところが、奄美大島龍郷時代にお世話になった大島見聞役の「木場伝内」宛てに詳しい経緯を書き送っていた。龍郷に残してきた妻の愛加那、菊次郎、菊子親子の世話を頼む書状を添えて語られたもののようだ。次に要点だけを紹介して参考にして頂きたい。

七月七日（一八六二年）　付けのご懇書二十三日朝届き、ありがたく拝読しました。実におなつかしく、繰り返し巻き返しました」で西郷は書き出している。そして次にこうあります。

「私が今度のようになった成り行きは、決して申し上げないつもりでしたが、どのようなお疑いをいだかれるかもわからず、御安心なりかねるであろうと思い、よんどころなく、詳しく申し上げますから御一読後お焼き捨てください。」で始まっています。

「鹿児島城下は、大島で私が考えていたのとは大変な違いで、城下は、すべて割拠の勢いになっており、とんと手のつけようもない有様でしたから、暫くの間観察しておりました。

その形勢は子どもが政権をもてあそんでいる姿であり、事々物々、無闇なことばかり生じ、

藩政府は勿論、諸役所一同疑迷いたし、どうしてよいかわからぬ勢いになり、この様な事はここで結び、ここで成功するということは全く知らず、志は能く向いていても、その処置はいたってうとく、俗人の笑うことが多い。君子のつもりでしょうが、為す所は至って賤しい手段だけが見え君子の行為ではありません。誠忠派と唱えていた人々は、これまで抑えつけられていたが、転向してからは、伸び上がり、只上気になり、先ず一口に申せば、世の中に酔うている具合、逆上している有様で、口に勤皇とさえ唱えれば忠良のものと心得ている。

それでは勤皇は当時、どのような所に手をつけたら勤皇になるのか、その方法を問い詰めると、訳も分からぬことにて、国家、藩の大体さえ、このようなものだということも分からず、日本の大体はここということも全く知らず、幕府の形勢も知らず諸藩の形勢も知らず、諸事情もわきまえなく、そうした天下の事を尽くそうとは、実に盲蛇におじずして仕方のない事です。

しかるところ、私こと、斉彬公の寵臣であったということが世間にひびきわたり、この者が島から帰ったら、きっと事柄も変わろうと当てにしていたらしく、もう私はバクチも打たれる場合ではなく、これが幸いの中の不幸です。余り高く値段をつけられて困っています。

久光公御参府につき御大策ということがあり、私が帰藩後すぐ小松家老の所へ参会し、大久保、中山を交え四人の席で御大策の主意を聞かされました。

京へ登り、一橋慶喜、越前春嶽を将軍の御後見と、御政事御相談役にして戴くような勅書を戴くようにするとのことを聞かされました。

しかし、とんと返事さえできず、ずいぶんの御大策もつまらぬものでございます。私はそこで彼等に問いかけました。

勅を下すには、幕府内に手づるというものがなくてはとても成功せず、それには、閣老の処へくわしく申し込み、先方で請合って尽くすと申すことによくよく地盤をすえなくては成功しません。それをどうなされるのかと尋ねると、全く手を付けておりません。それでは、幕府の方で返事だけは聞こえのよい返事をして、いつまでも勅令を実行しない場合は、どんな手段が用意されているかを問いますと、その時は何時までも京都に御滞在の由。

京都に一年も二年も御滞在は出来ますまい。もし幕府が勅命に従わない時には、違勅の罪を御責めにならなくては、名分も立ちますまいし、また京都御警備については、ただ錦の御屋敷などに在らせられても役に立ちません。所司代を追いのけ、井伊藩の固めを除かなくては成就しません。違勅の罪をどのようにしてお正しになされるのか、とお尋ねましたが一言も返事も出来ない人々です。

違勅のままで時がたつうちに、幕府が外人と結託し大阪から軍船を薩摩に向けたら、その時の御準備はどうなっているか、論じましたが返答さえ出来ない人々であり、御大策とはあまり気強いことであります。しまいには、それだから私の帰藩を待っていたのであるから、役に任じてくれ、との事であります。これは私には出来ません。まだ御相談中であれば、どんなにでも尽くしますが、すべて仕腐らかしてから私にせよと申されても出来ません。と返答しました。

彼等は当てが外れた訳です。そこで、久光公は如何なされているのか、拝謁申し出まして四月十五日召しだされました。

大策はわたくしの考えとは大いに違っている事、斉彬公の時とは時代も変わっている、江戸へお出かけになっても御登城もむつかしい。とても成功しそうには見えません。又、京都にご滞在なされても、きっと事変が起こります」と言上仕りました。

久光公曰く。「もっともな訳だが、今更致し方もない。今度の策はお届け済みだ」と。

このように、西郷は久光公に二策を提案しますが、結果として久光公はそれをとりあげにならず、却下してしまいました。

西郷が木場伝内に送った手紙はこの辺の事も詳しく認めています。久光公は前出の四科目の罪状をもって、西郷に徳之島への流罪を申し渡すのです。

木場伝内への書状はさらに続きます。詳しく述べられているのを見てみましょう。

「私四月十日藩地に罪人として送り返される命令があり、早速乗船致しました。至極秘密になされ、人気が混雑すると考えた由。然しながら、私を内地にとどめておいては、実にうるさい故、罪人におとしたものと見えます。私が罪人におとされた時、堀（役人）は大阪にては、宿舎に臥すことも出来ず、もしや討たれはしまいかと臆病心にて、藩邸のお屋敷内の御納戸に潜臥いたした由。大いに笑うべきことではありませんか。

大阪の藩の見聞役連は私を罪人に落としたことを合点せず、是非対談をかけると申し出た由ですが、家老の喜入摂津が受け付けず、それなり伏見からの命令通り、この島（徳之島）に参りました。それは面白いもので、ただ徳之島へ遣わさるとばかりで、葉書により達示せられ、何の罪状も分からないのです。

きっとこの度は御助米などは下されないでしょうし、島元にても謹慎するよう、代官から申達するとの趣ですから、仮屋元から五里へだたっている岡前と申す所へ潜居しました。とんと世事を忘れましたので、何の苦もなく、もっとも御助米下さらないことはありがたい次第です。先ず右のようななりゆきで、細大書き尽くせませんし、また自家弁護にて、良きように見えますから、その処はご推察下さい。ご承知の通り、私は暴言を吐くことが多いのです。その罪はのがれることはできませんから、安然としておりますので、ご安心下さい」。

西郷がここにあるように岡前集落に入ったのが六月十七日、木場伝内から書状を受け取ったのが七月二十三日です。西郷は岡前に落ち着いて約一ヵ月もしてから大島の木場伝内に詳しい経緯の内容を書き残していた事になります。西郷の書状は更に続きがあります。

「森山儀、（自刃して果てた同志）私が眼病を患い、養生のため山川港で上陸していた留守に自刃しているのを聞き驚きました。

私と村田は遠島先も決まっていましたが、森山の方はさっぱり分からず、もっとも先年一向宗またまた発起いたし、むずかしくなっていると聞いていましたので、お調べが難しく、片付かないのでしょうか、くわしくは分かりません。勿論三人とも大島本島へは遣わさないよう伏見から申してきた由。婦女子のいる処へはやれない処置です。

これを決めた中山尚之介がなかなの奸計をもって企み、罪人に落とされたのです。愚痴では在りません。この中山と申す者は、久光公の寵愛を受けて我意の強い無闇の者です。私をこのように致し、大久保までも罪に落としては、人気が混雑するとて、大久保は漸く助かっている由です。

一つ、田中河内介と申す人は、先の中山尚之介家（明治天皇生母の家柄）の諸大夫にして、京都においては有名な人です。右の人、栗田宮様の御令旨と申す文書と、錦の御旗を奉じおりました由。これは偽物であり、人を欺くと申すものであると言い、薩摩藩まで差下されるとの趣をもって、船中において密かに父子三人外浪人都合六人殺された由。例え偽物にせよ、朝廷へ差し出され、真偽明白に御取捌きあらせられるべきに、密かに天朝の人を殺されたことはじつに遺恨の事です。最早勤皇の二字は相唱えること出来ません。もしこのこと朝廷から御問いかけになりましたら、どのようにお答えになるものか、とんと此れ限りの芝居であります。

一つ、この度勅使御下向については、外でもありません、大原三位公と申せば、有名な慷慨家であり、どのような御議論がでるやもわかりません。もしや幕府において猶予いたすことでもあれば益々憤言が出るに違いなく、とても黄金などでは打ち付けられますまい。いよいよ勅の通り相調えば御国家、藩に於いても御大幸、久光公も御大功にてこの上もない御事です。

幕役は中々の一通りのすれものにては手も突っかけられるだけでなく、いまだ幕情御不案内のことですから、ちょっとしたことに、御乗りなされると、此方の御勢い御扱い次第で勅の立つと立たぬがきまる訳です。よほど幕府において難しく申し立てるであろうとの評判です。どんなになっているものなのか、今頃はもう分かっているでしょうが、遠島のことで、全く連絡ができず残念なことです。

私も、大島龍郷に居りました折は、今日は今日はと帰藩を待って居りましたから、痼癪も起こり一日が苦になって居ましたが、この度は徳之島から二度と出ないものと諦めていますから、何の苦もなく、安心なものです。もし乱になれば、その節は登りますが、平常ならば、たとえ御赦免を蒙っても滞島を願い出るつもりです。

骨肉同様の人々さえ、只事の真意も問わずして罪に落とし、また朋友も悉く殺され、何を頼りにできますか、老祖母一人あり、こればかり気がかりとなっていましたが、大島から登った節までは存命していまして満悦いたしましたから、もはや心にかかることもなく、登りました後死去しましたので、何も心置くこともありません。とても我々くらいにて補い立つ世情ではありませんから馬鹿らしい忠義立ては取りやめます。御見限り下さい。」

西郷は大島龍郷に暮らした三年は「今日は、明日は」と帰藩の思いが募り、一日一日が癇癪を起こす事が多かったと述懐しておりますが、徳之島の天城町岡前集落の仲為・仲祐親子の近くで暮らすようになって、一ヵ月足らずの間に一種の諦め、絶望感もあっての事かも分かりませんが、日々静かに、自然に暮らしている様子が覗えます。恐らく、俗事を離れて、閑居出来る勝伝の屋敷も余程居心地が良かったのでしょう。お婆さんと西郷のエピソードが面白い。

「お前さんは島流し二度目だというが、懲りもしないで駄目じゃないか、反省しなさいよ」と子どもに諭すように言聞かせたようです。すると、西郷は婆さんのおっしゃる通りだと身を正して頭をさげたと言います。後日、徳之島代官の上村笑之丞が岡前集落に馬に乗ってやってきて、道で西郷に出会い、代官は慌てて馬から飛び降りて西郷に、恭しくお辞儀をして挨拶をしているのを目撃した村人は、余りにも意外な状況に仰天してしまいます。一番に驚き、恐れ入ったのは、勝伝のお婆ちゃんです。島で一番偉い、そして恐れられている代官様が馬上から飛び降りて地面に平伏するようなお偉い人である事は誰一人知る訳もなかったのです。所詮は流罪人であるから、と言う先入観念があれば、村の人々の驚きは尋常なものではなく、特に日夜面倒見ていた勝伝のお婆ちゃんの気持ちは如何ばかりな物であった事かは、想像がつきます。

西郷隆盛と仲祐　師弟の契り

島の代官上村笑之丞からは、しばしば代官所のある街へ出て来られるようにと勧めますが、西郷は勝伝の屋敷が大変気に入ったのか、また惣横目の村役人仲為・仲祐親子との出会いが余程嬉しく、有難く感じたのか、岡前を離れようとはしませんでした。役人仲為は、西郷の荷物を牛車に積んだ時、書物が沢山ある事にいち早く気づき、人格風貌からしてこの方から何か学べるに相違ないと見込み、即刻、息子の仲祐を身の回りのお世話役につけることを決断し、勉学を教えて貰うように計らっているのです。即ち、仲祐弟子入り一号となります。

仲祐は体格も西郷に似て大柄で、西郷の相撲の相手にもなり、寝食を共にしておりました。後になって、仲祐が鹿児島へのぼり西郷と小松家老の御伴をして京都へ上ります。そして、西郷と間違えられて身代わりに新撰組の刃で倒れます。これが事実であるのにもかかわらず、死後長い間、国許の故郷岡前でも、その死因に諸説があった。病没・戦死・暗殺等など、中でも仲祐と西郷の仲が良すぎて仲間に妬まれ毒を盛られて暗殺された、とまで噂されていた。それほどに二人の関係は人も羨む子弟の関係にあったことが分かります。西郷が絶望と諦めと悲嘆のドン底に喘いで上陸してきて、仲祐に出会えたのが余程癒しになり、好きな相撲を取ったり、若者を集めて勉学を教えたりすることが出来て、一つの励みにもなったのでしょう。何よりも、島役人仲為の西郷に対する対応は決して流罪人としてではなく、愛する我が子に教育して欲しいと願うほどに計らってくれた事が西郷にしてみれば、代官の度々の誘いを断って仲為・仲祐親子の側から離れようともしなかった大きな理由であったと考えられます。

西郷の岡前での暮らしは、釣りをしたり、山へ薪をとりに出かけたり、村の若者と相撲を楽しんだり、若者に読書して聞かせたり、習字を教えたり、退屈などして居れない毎日を過ごしていた。

西郷に教えを受け、相撲相手や、釣りへのお供をした若者は、仲祐の他に、親戚にあたる小林政寿の子どもで義子孝がいた。この義子孝の子孫が、後に奄美代表の衆議院議員にもなった小林三郎ではなかろうかと筆者は勝手な想像をしている。何故ならば、教育があって人材は輩出しているのが多いからです。一つルーツを探訪して見なくてはなりません。

この時、仲祐十七歳、義子孝十二歳であった。二人の他に、宮山永生と言う若者がいて、西郷の相手をしたと伝えられている。三人とも当時は姓名は無く名前だけで呼ばれていた。姓名を名乗れるのは明治になってからが一般的であった。西郷がこの島に来て感想を綴って大島の木場伝内に送った前記の手紙にも次のようにある。

「当島は小島にて一体の幣もなく、豪族が居らず、特権階級が全くありませんから、定められた通りを行うような具合で、大変やりやすい由です。勤め方内意についても、前もって進物などをすることは決してなく、内々の願い出はある由ですが、その弊害はない由です。

此処は五里ばかり仮屋元（役場）から離れているので、さっぱり物音も聞こえず、全く田舎で都合がよろしい。この島は大島よりも余程夷の風習がさかんです。この度は遠島人なのに私を様づけで挨拶して下さり、かしこまって居ります。遠島人の私を粗末には扱いません。」

右の書面でも明らかなように、当時の村人達、とりわけ役人仲為が西郷を如何に丁重に扱っていたかが分かり、惣横目琉仲為の人徳が偲ばれます。

ある日、仲祐の友達の永生が西郷の所にやって来ると、西郷は永生を機嫌よく迎えて、にこにこしながら、

「実は待っていた所じゃ、」と言うのです。

「先生何か御用でもございますか」と彼も釣られて招きに応じます。

「頼みごとがあっどん、用事はあとでよか、それより面白い話でも聞かせてくれ」

「別段面白いこともありませんが、村の若者が先生の噂で持ちきりです」

「ほう、どんな事じゃろう。大方、あの遠島人は碌でなしの奴じゃという事だろう」

「とんでもない、相撲の話しで御座いますよ」

「……………」

「どうしたら本当に先生に勝てるかと皆が勝つ手を研究しております」

「ああそうな、それは何でんなかことじゃ」

「どんな手があるか一つ教えて下さい」

「簡単な事、俺より強くなる事や」

「先生、それは丸で落し噺です。それくらいは誰も知っております」

「そうじゃろ、真理というものはいつも平凡なうちにあるものだ。どうな、分かったか」

「はあ、分かりました。時に御用は」

「まだええ、もっと話はないか、質問でもよい」

「それでは甚だ失礼ですが、先生が遠島になった訳を受け賜わりとう御座います」

「それも至極平凡簡単じゃ、悪い事をしたからよ」

「ただそれだけでは分かりません。先生ほどの御方が」

「それ以上言うと、なおさらわからんで、もう聞きやんな」

「はいかしこまりました」

「いや別にかしこまらんでもよかが、さあ今度は用事の方じゃ」

西郷は機嫌よく奥の間に入り、やがて、広刃の煙草刻み包丁を持って現れた。

「永生どん、これに柄をつけてたもわんか」と差し出された。

永生は包丁を受け取り、その場をはずして、やがて立派な材の柄をつけて帰ってきた。

「これはこれは立派じゃ、が、気がきかん男じゃな、柄をつけたら磨いでくるもんじゃ」

「恐れ入りました」と言いながら包丁を研ぎ、西郷に渡します。

「ああ結構結構、ついでにもう一つ頼みがある」

「なんでもどうぞ」と構えていると
「これを刻んでくれないか」今度は葉タバコを渡されました。

「先生此ればかりは出来ません」

「細こうさえなればよかで」

「先生これは自信がありません。ご免蒙りたいです」

「断られると余計に頼みたくなるのが人情じゃ、是非刻んで見てくれ」強引に頼みます。

やがて、五十匁ばかりの刻み煙草が出来ました。

「先生どうも不慣れなものでお粗末なものになりました」と言い訳をすると
「いや結構。俺もこんなには出来ん」と永生の腕前を絶賛して、煙草をキセルに詰めて、にこにこしながら満悦の面持ちで永生に笑顔を向けるのでした。そして更に続けて、

「どうもいろいろ用事を頼んですまなんだ。が、君の物事に忠実なのには感心した。人間は何でも心がけ次第じゃ。真心込めてやれぬ事はなかで、精神一到何事か成らざらん、じゃよ。

この煙草は俺はいらんで、みんな持って行きなさい。俺の分は当分あるから心配いらぬ」永生の刻んだ煙草はこうして全部持ち帰ることになります。

西郷は仲祐を中心にして村の若者に相撲の取り方、土俵のあり方等を教えました。村での相撲には土俵もない勝負をやっていたのです。投げ打って勝つのと土俵の外へ押し出して勝つのもあることを教えております。

相撲の他には、木刀の作り方、体力づくりに素振りもやらせました。学問と武術の真似事もやらせているのです。西郷の評判は高まり、村の若者が西郷塾には大勢集まり賑わいます。

西郷塾の子どもたちは西郷から親に孝を尽くす事まで教えられます。

人間は大自然の中で生かされている事、今日自分がある事は、両親があってこそである事、その両親にもそれぞれ両親が居た事、両親は二人、一掛ける二は二です。両親の両親は二掛ける二で四に成ります。その又上に両親がいるから、二掛ける四で八、その上は二掛ける八、ご先祖は二乗の累積で広がって行きます。つまり、祖父母は四人、その上は八人、その上は十六人、更に三十二人、六十四人、ついにその上は百二十八人となっていきます。

西郷は子どもたちに掛け算を教えるのに、身近なご先祖の話しをしながら興味深い授業を進めます。ご先祖を十代まで遡れば、その数は五百十二名。十五代まで遡れば一万六千三百名。二十代まで遡れば、五十二万四千二百人。二十八代まで計算すると、その数は驚く無かれ、なんと一億三千四百二十一万人にもなります。子どもは勿論、大人もびっくりです。

現在の自分が存在出来たのは、気も遠くなるようなご先祖から連綿と「血」が受け継がれて来ている事が認識出来る。命の尊さ、生命の尊厳が理解されてまいります。ご先祖に手を合わせる事が、いかに大事であるかを悟らせる学習を施しています。

雨上がりの蒸し暑い昼下がりに、湾屋港から子犬を連れて西郷の後をついていた例の少年が、子犬を連れて、荒削りの木刀を持ってやって来た。少年は西郷が大変な犬好きである事を知って、西郷に子犬を差し上げる決意をしてやって来たものだ。島では朝夕散歩する時に毒ハブに出くわします。犬を散歩に連れて行くと非常に安全である。犬が毒ハブをいち早く見つけて吠えてくれるのです。少年は西郷の散歩のお供に愛犬を差し上げると言うのです。

「おはんなさびしゅうなるで、それでもよかか」

「毎日来ますからさびしゅうはありません。」

「毎日とは、またどういう事だ」

「はい、学問や剣術や、それから、いろいろと皆の仲間に入れて下さい。何でもします」

少年は子犬と引き換えに西郷塾に入門したいと懇願します。

聞くところによれば、彼の父親が山から琉球樫を取ってきて、練習用の木刀を造って持たせていた。西郷は少年の木刀を手に取り翳して見ながら、出来栄えもだか素材の素晴らしさに感心しながら、少し手直ししてあげよう、と言って小刀で削り始めました。

少年は入門が叶ったものと歓声を上げます。

「有難う御座います先生。有難う御座います先生」繰り返して喜びます。

西郷は小刀を持つ手を休めて、少年に掌を見せて触らせます。

「剣術とか素振りをやっていると、ほれ、こんなごつい手になってしまうぞ、よかか」と入門心得を言い聞かせるのでした。少年は西郷の分厚く固く大きな掌を触りながら、眼を輝かして聞き入るのでした。西郷が湾屋の河口に上陸して、湾屋敷で仲為の煙草の吸殻を掌に叩き落して、見入る村人を驚かせたあの日、少年もそれを目撃した一人であったから、今、西郷の掌を触って見ながら、なるほど、と納得し、改めて感動するのでした。

塾の学習が終わり、村の子どもたちが帰って、西郷と仲祐だけの部屋となります。仲祐は西郷と二人きりになれるこの時こそが楽しみであった。それは、西郷が斉彬公にお仕えして、京都で活躍していた時の有力諸侯との出会い、朝廷方、公家との交流、更には清水寺の話。月照和尚との入水事件に至るまでの話など、すべてが若者の心を捉える夢のような話であった。西郷ほどの人物がどうして島流しの処分を蒙るのか、義憤慷慨の思いまでするのでした。

勤皇の思想を語る西郷の言霊は、若き仲祐の魂を揺さぶるものでした。仲祐はこの師匠がこの島へやってきてくれたことを、神に感謝したい気持ちで、話に夢中で聞き入るのでした。

西郷の口から語られる薩摩の話、取り分け京都と言う都の話、大阪商人の話、斉彬公と言う御殿様にお仕えしていた想像を遥かに絶する話の内容に、仲祐はすっかり陶酔してしまうのでした。南島の小島、流罪人の孤島とも言える徳之島にあって、都京都の事、日本の国情、世界の情勢までも聞かせてくれる西郷の存在は、島の青年にとっては正に天祐の恩恵に等しい。

夜を徹して膝を進めて聞き入る仲祐でした。そして、この人に出会ったからには決して、側を離れまいと心に決めてしまいました。仲祐はこれほどの人物ならば、きっと、やがてはまた薩摩へ帰還されて、活躍されるであろうと確信するのでした。その折には是非にもお供させて貰わねばと、西郷に、執拗に幾度も懇願する始末でした。すると、西郷はニコニコとしながら

「おはんな、大事な跡取り息子じゃ、仲為殿に叱られ申すぞ」と取り合うとはしませんでした。

島民の救世主となる

西郷が流罪人として上陸して来た頃の徳之島は、薩摩藩による黒糖生産の、地獄絵さながらの暗黒時代の最中であり、島民は砂糖キビの他の作物の栽培は、一切禁止されて、キビ単作を強制されていた。農民は黒砂糖のみ生産し、主食は勿論のこと、生活必需品全てが砂糖との交換となっていた。一例を挙げれば交換の比率は左の通りとなっている。

白地木綿	一反	砂糖	六十斤
美濃紙	一束	砂糖	六十斤
種子油	一升	砂糖	三十斤
綿	一斤	砂糖	二十七斤
お茶	一斤	砂糖	二十五斤
小刀	一丁	砂糖	五斤
盃	一個	砂糖	三斤半

一例であるが、こうした暴利苛政が行われ、そのうえ役人による私服を肥やす輩の過酷な取立て、その塗炭の苦しみは筆舌を絶するものであった。

子どもが砂糖キビを齧ることも許されず。砂糖製造シーズンとなり、出来たての初物をご先祖の仏前に供える事も、試食する事も許されず、それに反した者は、首枷をはめられて街中引き回しの刑が施行されるのです。砂糖キビの切り株が長すぎるとして罰せられたり、ひどい事には、台風被害により減収となっているのにも関わらず、見積もり額よりも少いのは、隠匿か横流しであろうとして折檻を受ける。砂糖を少しでも抜き取ったりしようものなら、

「抜糖死罪令」と言う世にも類を見ない、恐ろしい死罪の法律に服する定めまでありました。徳之島ではこうした過酷な悪政に反抗して、西郷がこの島を離れて間もなく、「犬田布騒動」と言う百姓一揆が勃発しております。

薩摩藩が何故にこれほどまでに奄美大島、取り分け、徳之島の黒糖生産に執着し、過酷な取立てを強行しなければならなかったのか、それには薩摩藩の大幅な赤字財政建て直し、また、宝暦の治水工事に藩の命運を賭けて挑み、大阪商人から莫大な借金をします。奄美の黒糖は全て、大阪商人への担保として差し出す仕組みがあったからです。

薩摩は琉球征伐に勝利して、奄美群島五島を戦利品として植民地化します。それ以来、琉球国から薩摩藩統治となり、現在も鹿児島県のままである。薩摩藩は奄美、中でも一番耕地に恵まれて収穫高の多い徳之島の黒糖のお陰で、宝暦治水工事を成し遂げ、赤字財政を脱却して、明治維新をリードし、徳川を倒すほどの財政力を持つに至っていると考えられます。

徳之島で生産された黒糖はやがて、全国に薬糖として販売されて、薩摩藩の財政に大きな貢献を果たすわけです。一説には、黒砂糖だけではなくて、琉球を通じて密貿易で稼いだとも言われておりますが、やはり、財政建て直し財源の筆頭は、黒砂糖であったと言っても過言ではないでしょう。

西郷が徳之島に上陸した「湾仁屋」の港近くには、集落で収穫され製造された砂糖が役人の検査を得て、収められる薩摩藩の倉庫があった。

西郷は村人からの過酷な取り立て、扱いに対する訴えを聞き、役人にも事情を聞いて、徳之島はお隣の奄美本島よりも、過酷で厳しい状態にある事を知ります。島の民謡にもあります。

「これほど苦労難儀しても、誰のためか、薩摩チョンマゲのためではないか、馬鹿らしい」

農民達が日々の労働に対して報いのない、救いのない、絶望の感情を吐露した唄が西郷の胸を打ちます。

過酷な監督の下で労働して、製造した砂糖は一欠けらも自由には出来ず、役人の定めた比率でお米も交換して貰います。そこでは役人の言いなり、思うがままに扱われても、抗弁もならず、奴隷以下の扱いに甘んじていなければならなかった。

西郷はこれまで島役人がやってきた事や、不合理を正すべく立ち上がりました。役人の中原や仲為を通じて、島の代官、上村笑之丞に訴えて、改革を促します。西郷の申し入れであれば、上村代官も従わざるを得ない。早速に三ヵ条の改革を発表します。

第一ヵ条　大島同様、書き役の奸計により注文品は「お渡し不足」を理由に本人には渡さず、勝手に聞いておくだけであったところ、この弊害を改め、島民の注文品の通帳により御渡しの時、引き合わせるようになった。

第二ヵ条　寒中に砂糖を煎じては、収穫も低く、農民が困っている。今後は甘蔗が十分に熟した上、春正月でもよろしいから、農民達の気持ち次第で、煎じてよろしい。

第三ヵ条　当島は大島と違い、正余計糖は過返しと申して、三合の代米を下される由ですが、総勘定の済まない内は、右の過返米は下されないので、困窮している農民たちは、右の正余計糖は羽書で取引をして、一斤も作らない姦商にだまし取られていましたところ、この度は、内斤により正余計の者へは速やかに代米を下され、一斤も作らない者には渡さず、ただちに自分の正余計糖の者へ配当になる事に決まった。

西郷は文久二年（一八六二年九月十四日）に大島の木場役人に島民の窮状を手紙に認めて送っている。その中に右の改革のことが書かれている。

この三ヵ条が徳之島の砂糖キビ生産農家にとって、如何に歓迎されるものであったことか、また、有難い事であったかは申すまでもありません。この事が、全島民に知れわたり、岡前に居られる流罪人は、島の代官や役人より偉い御方だと噂になります。村々から真心のこもった御礼の品々がひっきりなしに届けられます。菊池源吾、またの名を大島三右衛門と名乗っている御仁は、実は「西郷吉之助」である事も知れ渡ります。

先の名君斉彬公にお仕えしていた偉い人物でありながら、久光公からは煙たがられ、嫉妬から疎んぜられている実情も島民の周知する事となります。かねてより、薩摩藩に対し、特に藩侯の久光公に対して恨みを抱いていた島民にすれば、久光公の逆鱗にあって流罪になった西郷に対し、同情と親しみを持つのは当然です。被害者意識で共感出来たのでしょう。。

琉球から薩摩に変って、植民地以下、奴隷以下の農奴としての苦しみに喘いでいた島民にとっては、西郷の来島は天の救いとしか言いようがないのです。塗炭の苦しみで村を捨てる者、逃亡する者も相次ぐ状態であった。夢も希望も無い島だった。

西郷は島民に些細な事ではあるのかも知れないが、大きな活きる希望を与えてくれたのだ。人間、希望を取り戻せば活きる力がわいてきて、夢を持つ事も出来ます。夢と希望の持てない人生ほど惨めで不幸な事はありません。農奴に等しい、活力を失っていた島民に、希望と夢を与えてくれたのです。役人、代官に生産を活性化させるには農民に元気と希望を与えるようにしなければならないと説教し、役人教育を実行した事になります。鹿児島で若い頃に自分が体験してきた心構えを説き聞かせ、島民からは救世主と崇められるようになったのです。

二人の老婆との出会い

昼下がりの暑い部屋で一人読書をしている所へ、借家主の「勝伝の母親」が縁側に現れて、西郷に声を掛けます。

「旦那様、お一人ですか」

「子どもたちはみな帰りもうした」

「退屈で御座いましょう」

「いいえ、皆ん衆が親切にしてくれもんで、退屈などしもさんど」

「何もかも行き届かぬ事ばかりでございます」

「これ以上んことはなか、かたじけないことでごわす」

「旦那様、お茶でもいれましょうか」

茶飲み友達の欲しい年頃の老婆は弁えたもので、母屋へ行ってお茶を用意して現れ、縁側に腰掛け西郷に勧めます。西郷は島の長老や老婆から島の昔話や伝説、仕来り等を聞くのが非常に好きであり、老婆との対話も一つの楽しみであった。老婆は率直に切り出しました。

「旦那様は承りますと、二度目の遠島と言うではありませんか」

「はあ、面目もなかこつでごわす」

「まだお若いのに、二度も島流しに遭うなんて今までに聞いた事も見た事もありません」

「不調法者で仕方がごわはん」

「どんな人でも間違いはあります。旦那様のためにと申し上げるのですが、これからはしっかり性根を入れ替えて、二度ある事は三度起きると言いますから十分と気をつけて下されや」

「もっともでごわす。面目のない事でごわす」

「旦那様が分かってくだされて私も嬉しいです。同じ屋敷内に居ながら、何時か申し上げようと思って居りました。今日やっと申し上げられてさっぱりしました。もったいないことですが、身内のように思っておりますので、可愛い子にはお灸をすえる思いです。」

この時点では、西郷というとてつもない偉い人であり、島の代官や役人も馬から飛び降りて挨拶をするほどの人物とは知りもせず、流罪人、大島三右衛門としての知識しかなかった老婆です。勝伝の老婆はこの意見をした数後日に、代官も頭を下げる人物である事を知って恐縮するのでした。

もう一人の老婆との出会いは、西郷が祖霊まします聖なる山、大和城山に登り、西の東シナ海、東の太平洋を望見しながら、薩摩の事、京都での事、世界情勢の事等を思索し、瞑想する絶好の山での帰りに、薪を拾い集めて下るのですが、山の麓の見晴らしの良い丘の芝に腰掛けて一服している所へ、薪を背負った老婆が近づいて来て荷を降ろして腰を下ろし、西郷に声を掛けます。

「このあたりでは見かけない御方ですが、もしや、湾屋に来られたお方では御座いませんか」

「いかにも、大島三右衛門と申す流罪人でごわす」

「さようで御座いましたか、かの有名な西郷吉之助様で御座いますね」

「ご存知とは恐れ入ります」

「実は、私も流罪人の娘でございます」

「お父上は健在ですか」

「一昨年亡くなりました」

「それはご苦労なさいました。それで何か不自由なさって居りませんか」

「不自由には慣れました。島の人々の親切に助けられて暮らして居ります。いい島です」

「左様、徳のある島だと思います」

「旦那様こそ、さぞご不自由な事がお在りだと思います。とても他人事には思えません」

「有難うごわす」

「この島は毒ハブが居て、夕方には気を付けて下され、護身用に杖か棒切れを持ち歩いてください。昼間でも昼寝の邪魔をして踏んづけたりしますと正当防衛でやられます。ハブはキビ畑の鼠等駆逐してくれますから、どちらかと言えば、人様の役に立つ益虫です。いたずらさえしなければ滅多に人様に危害を加えません。人の気配で姿を隠すのが普通です。人様から忌み嫌われているのは　どこか流罪人に似た所があって、私はハブの良き理解者でありたいと考えております。」

「婆さんはなかなかの哲人でごわす。大変な教訓有難うごあした。一服如何ですか」

西郷は遠慮する老婆に煙草を強引に勧めました。

老婆と言うには早すぎる年頃、額や顔に皺が見えるのは苦労のお陰であろう。よく見れば壮年であろうが、過ぎ去った過去は、老婆以上の人生経験と体験を積み重ねているに違いない。島の人々の優しさに感謝する余裕さえ持ち合わせている。

老婆とは呼びたくない女丈夫に見えるのでした。

「その煙草は持ち帰り下さい。おいどんな宿に帰ればあります。また岡前にお出かけ下され、鹿児島んお茶なども差し上げますで」

「かたじけないです。有難う御座います。西郷様にこんな所で、こうしてお会い出来たのも神様のお導きだと感謝いたします」

老婆は、西郷の慈悲の言葉に感激し手を胸に合掌し、涙を溜めて西郷を拝み帰途につきます。その激情に西郷も釣られてしまい、大きな眼に涙を溜めて老婆を見送るのでした。

若者に勉学・相撲を教える

西郷が徳之島湾屋に上陸した時の荷物の大部分は、書物であったといわれている。

徳之島岡前の名役人の仲為は、それを見て、咄嗟に直感したに違いない。島に図書館がやってきたぐらいの、カルチャーショックを受けたのでしょう。この人に勉学を学ぶ事が出来る。倅にはどうしても必要な先生として接しなければならないと、決意したに違いない。

本来ならば、島の代官のいる東海岸の亀津へ身柄を引き渡せばよいものを、それをせずに、自分の屋敷近くに御供して匿うことにしております。諺にもあります。類は類を呼び集まる。西郷の類稀なる人格は、島役人仲為の心を捉えて離さず、親交の絆を結ぶ事になりました。

仲為が見込んだ通り、西郷は子ども好きであった。実子に恵まれず最初の養子も亡くし、仲祐は二番目の養子縁組で跡取りとして大きな期待をかけた倅である。体格も西郷の相撲の相手が務まるほどの丈夫でした。

仲祐も父仲為の願い通り西郷の身の回りのお世話を進んでこなし、西郷の身辺にあってその威徳を慕い、勉学に励み、乾いた真綿が水を吸い取るような向学心を顕にします。

島役人仲為は倅の仲祐一人ではなく、村の向学心旺盛な若者を共に学ばせております。

西郷は勉学だけでなく、剣術や相撲も教えています。当時、徳之島では土俵を作らず、相手をねじ伏せるだけの手があった、西郷は相撲には土俵があって土俵から出た者は負けになるのだと言う規則を教えております。

徳之島は元来、娯楽の無い所です。若者が相撲を取って興じるのも一つの娯楽である。有力な人が闘牛を開いて村人に慰みを提供する事もありましたが、薩摩藩統治になって、厳しい圧政に会い、晴れやかな闘牛に興ずることもめっきり減ってまいります。

相撲は手のかからない若者の身近な娯楽であった。徳之島からは近年には初代朝潮太郎と言う横綱が出ているし、旭道山という有名力士も輩出しております。相撲は島の伝統文化の一つでもあるわけです。西郷の相撲好きも相当なもので、村の若者相手に相撲に興じて、随分と癒されたに違いありません。中でも、仲祐は格好の相手であり、一番弟子であったようです。それほどに仲祐は体格にも恵まれていたようだ。しかし、村中の誰一人として西郷に勝つ者は居なかったと伝えられている。

体を鍛えてこそ学問も生かされるし、役にも立つ。軟弱な体では学問も死んでしまうと言う信念の下で若者には接していたようである。

勉学は読み書きが基本であったが、道徳、政治、経済、世界情勢にも及ぶ広範な内容であったらしい。世界の偉人、大西郷に講義を受ける事の出来た村の若者は、果報者であったわけだ。

妻子との再会

西郷は大島龍郷村にいる妻の愛加那と、息子の菊次郎、娘菊子との再会を心では望みながらも、この度の遠島が、久光公からの流罪を言い渡されての身柄であり、龍郷村での扱いとは違って、いつ何時切腹の沙汰が下るかも知れない状態であることを覚悟していたのか、妻子を徳之島へ呼び入れることを躊躇していた。それは、大島の役人木場に当てた手紙にも叶わぬ事ゆえに、妻子の事はくれぐれもよしなに頼むとあります。

ところが、仲為や島の代官の気配りが功を奏したのか、愛加那親子が徳之島に遣ってくる事になりました。文久二年（一八六二年九月二十日）のことである。愛加那は大島龍郷で西郷を鹿児島へ送り出して、僅か八ヵ月に満たない間の再会である。我が夫が二度も島流しに会う運命であることには、驚きを隠せないのだが、そのお陰でまたしても再会出来た事の嬉しさ、感激の方が大きかった。長男菊次郎もすっかり成長している。この菊次郎が後に京都市長になって、琵琶湖疎水を利用して発電を起こし、京都の町に日本で最初に市電を走らせた人物となる。京都南禅寺の近くに発電所があり、岡崎公園の中には当時走っていたチンチン電車が、今でも展示してある。

　また、長女菊子は西郷が鹿児島へ召喚されていった頃は、まだ愛加那のお腹の中にいたもので西郷にとっては初対面と言うわけであった。菊子は後に海軍大将大山巌の弟の妻となる人である。西郷は徳之島から役人木場伝内に当てた手紙には、

「女子誕生の由ですが、これは私の考えとは違いました。しかし、幽閉の身でありながら喜ばしい事です。召使等置いて、愛加那のことは決して徳之島へはやらないように、お願いします。代官桂氏か貴島に滞在中は少しも懸念することはないので、安心しているように言聞かせて下さい。云々」となっております。続けて

「平常の状態になっても、再び上国の召喚があっても、再び上国はいたさない考えです」とまで断言しております。これは、余程徳之島岡前集落が気に入っていたかを物語る一面でもあろうかと考えられます。

「今の日本は、どんな薬を与えても、内症外邪に悩まされていて、治療は出来ないほど行き詰っていますから、三年、五年立たない内に変乱に入るに違いありません。それまでは決してこの島を出ない考えです」とまで付け加えております。西郷の意志に反して、間もなくこの島を出なくてはならない事になるのですが、三年後には変乱が起こる予言は的中していた事になります。木場伝内への手紙でも分かるように、西郷は久光公から切腹のお沙汰が下らないのなら、この島に止まり静かに余生を暮らしても良いと決意するに至ったようである。

従って、愛加那親子が徳之島へ来てくれた事は、非常な喜びであったのであろう。

妻の愛加那と二人の子どもを守って、身内の富謙と宮登喜二人が妻子を連れて現れると、西郷は歓声を上げて小躍りしました。右手に菊次郎、左手に菊子を抱き上げて頬ずりし、「よう来た。よう来た」と大声で叫びます。

愛加那も子ども二人立派に育てて来て誇らしげに思い、西郷の歓声にこれまでの苦労が吹っ飛んでしまうように思い、胸が熱くなるのでした。

これまでは、村の子どもを集めては勉学や相撲に興じて、寂しさを紛らしていた西郷でしたが、妻子が屋敷にやって来て、暫し流罪人の重苦しい雰囲気も何処へやら、屋敷の中は明るい賑わいとなりました。

愛加那は船旅の疲れも見せずに、祝いの支度に取り掛かります。西郷は子ども二人を抱えたままで、大島からの客人、富謙と宮登喜二人に屋敷内外を案内して回りました。

やがて日も暮れて、行灯にも明かりが入ります。何時もの行灯の明かりが今夜は一層明るく部屋中を照らしております。近隣から愛加那親子を拝まんとして、心優しい人々が歓迎の酒宴に集まります。西郷が今まで会った事もない人々まで、紛れ込んで祝いを盛り上げてくれるのです。この島の仕来り、島の文化がこうして西郷一家を心から祝ってくれるのです。

西郷が、この島で暫く余生を静かに暮らしても良いと考えたのも頷けるというものです。

愛加那の酌で宴会は盛り上がります。二杯三杯と盃を重ねるに連れて島唄を歌いだす長老の声に合わせて一同が手拍子を揃えます。歌詞の中には「めでた、めでた」が繰り返されます。次々と、歌い手が替わり、詠い疲れれば、今度は内輪同士の身の上話。苦労話。思い出話に花が咲きます。部屋中の明るい賑やかな雰囲気は、庭先の生垣までも包み込む有様となっていた。

この時、生垣の外に島役人の中原万兵衛が鹿児島からの飛脚便、西郷にとっては無残な通達文書を携えて姿を現していた。中原は賑やかな屋敷内の雰囲気を、自分のもたらすこの久光公よりの命令書が、ぶち壊してしまう事を考えると、思わず全身が硬直状態となってしまった。どうしたものか、君命を伝える役目とは言え、三度の島流し通達、それも入牢しての流罪とある。主君久光公のあまりにも執拗な御裁断が恨めしく、腹の立つ仕打ちを西郷に見せたら、今度ばかりは憤慨の余り自殺するのではあるまいか。中原はひとり門の外で悩みます。

「これは中原殿ではないか」と声を掛けられた。

「今晩は、良い所で会った仲為殿」

中原は惣横目仲為に出会って、地獄で仏に出会った思いです、仲為の腕を掴んで物陰に誘い、懐から代官のいる在番所から持ってきた「命令書」を見せます。

「役目とは言え、とても今夜西郷殿に渡すのは心苦しい。如何致してよいものか、お力をお貸し下さらぬか」

中原は斯くなる上は仲為殿の知恵を借りるしかないと考えたのです。重大な相談を受けた仲為も、事の重大さ、また、無残な宣告をどのように西郷に伝えるべきかを供に考える事になった。

「拙宅でゆるりと相談致しましょう。中原殿」

やはり、仲為も現時点での通達文の伝達は好ましくない、との思いでした。

二人は気づかれなように仲為の屋敷に入り、部屋の中に身を隠して、久光公からの通達命令書を恐る恐る開いて黙読した。

「大島三右衛門事先ニ徳之島在留ヲ命ジ置キシ処、更ニ尚又被聞召通此節沖永良部島ニ遠島申付候条　着島ノ上ハ囲ニ召込昼夜不開様番人両名可附添　尚護送ノ際ハ必ズ舟牢ニ入ルベキ事」

沖永良部島への遠島通達、向かう船には牢を設けて運ぶ事、島に着いたら二人の番人をつけ牢から出してはならない。

二人は暫し沈黙して言葉もありません。見ると仲為の眼が潤んでいた。暫くして、通達文を三度読み返して、仲為が中原に向き直り、

「中原殿、これには何日船出とか指定がありませんな」

「如何にも、通達指定日もありません」

「ならば、如何なものであろうか、惣横目仲為預かりにして戴けませんか」

「それで如何なされるおつもりで」

「つまり、西郷殿にはお主に代わって拙者がお渡し致します。しかし、二日待って戴きたいのだが、お願いできますか」

「何故の二日でしょうか」

「実は中原殿、先生はこの島に来られてから村から外へは一歩も出ておりません。かれこれ二ヵ月にもなりますのに、全島一周の見物にもまだお供しておりません。隣の島へ行かれたら二度と徳之島全島を一周し見物も出来ないのが、後で悔やまれる事だと思います」

「わかり申した。島を立つ前に全島一周ですね、それは結構な事、代官もきっと眼を瞑って、お喜びになりましょう。流石は仲為殿、助かり申した、良かった良かった」

二人の役人はこれまでの憂鬱は何処へやら、一転して西郷親子の送別を兼ねての全島一周計画に取り掛かるのでした。隣では酒宴の歌声がまだ続いて居ります。

「それでは中原殿、気づかれないように隣へ参りましょうか」

「気が引けますが大丈夫でしょうか」

「全島一周のご案内に参った事にしましょう」

「なかなか名案です。ではそういう事に致しましょう」

親子で全島一周

役人中原と仲為両名が縁側に顔を見せると、一斉に中へ中へと皆が座を設けて歓待してくれた。

「中原どん、ようおいで下さった。子どもたちを迎えてダレヤミの最中じゃ、さあこちらへ。」

西郷は仲為には遅いではないかと言いたげな目つきで黙礼し、しきりと中原の来訪に神経を払っているように見受けられた。

中原は悟られまいと覚悟はして来たものの、西郷の大きな黒目に直視されると、もうすっかり見通されているように感じて、うろたえてしまいそうになるのでした。

「実は西郷先生、明日は皆さんを誘って全島一周に出かける事になりまして、中原殿はそのためにわざわざお越しになりましたようです。良い機会で御座います。私もお供致しますので揃って出かけましょう」

「それはそれはかたじけなかこつ、楽しみでごあす」

仲為の提案で中原は窮地を脱した思いで盃を傾ける事が出来ました。

この場は無事に乗り切った。この後の事は暫し忘れて、仲為殿に助けて貰うしかない。

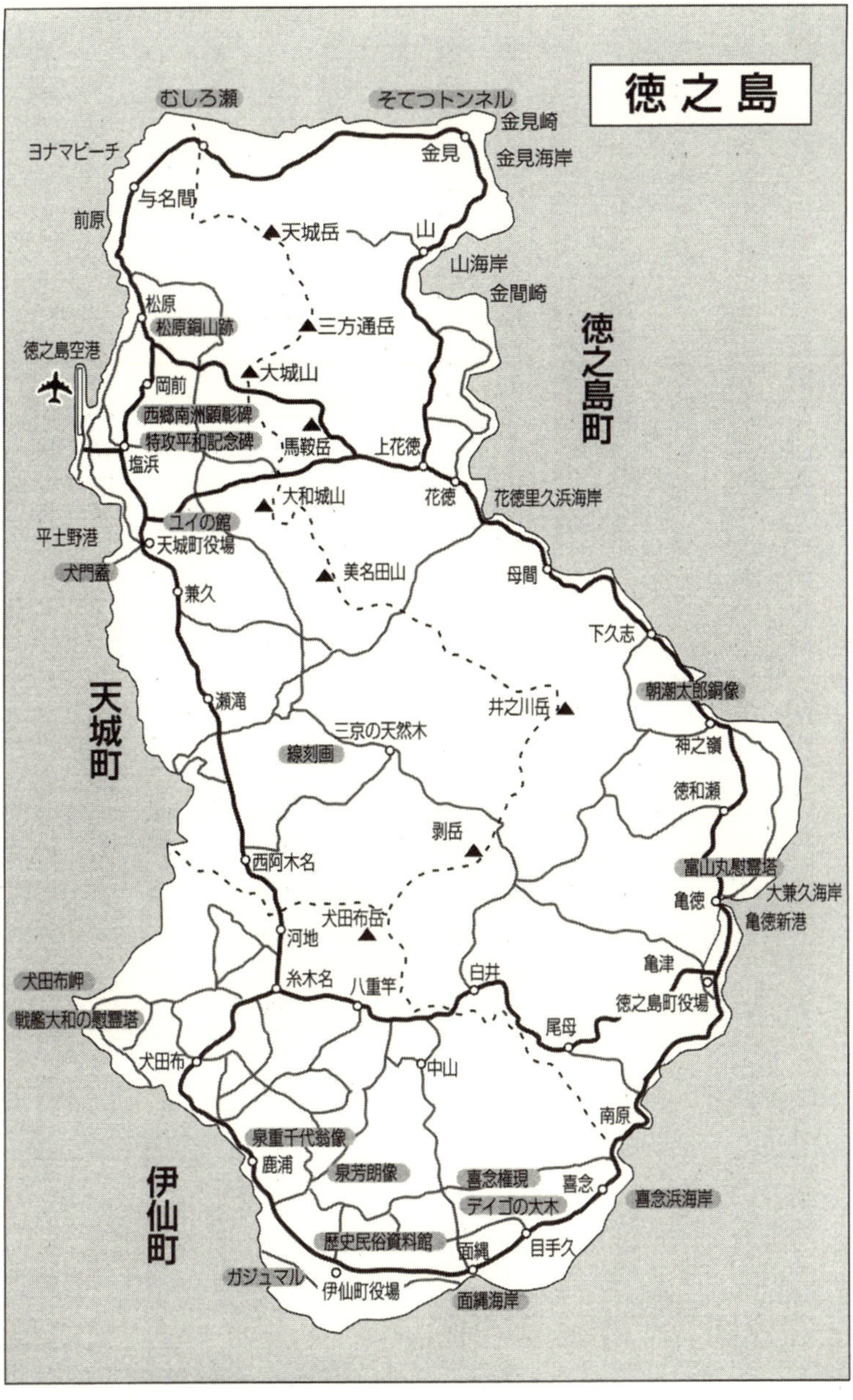
徳之島
むしろ瀬
そてつトンネル
金見崎
ヨナマビーチ
金見
金見海岸
与名間
前原
天城岳
山
山海岸
金間崎
松原
松原銅山跡
三方通岳
徳之島町
徳之島空港
大城山
岡前
西郷南洲顕彰碑
特攻平和記念碑
馬鞍岳
上花徳
塩浜
大和城山
花徳
花徳里久浜海岸
ユイの館
平土野港
天城町役場
美名田山
犬門蓋
母間
兼久
下久志
朝潮太郎銅像
天城町
瀬滝
井之川岳
三京の天然木
神之嶺
線刻画
徳和瀬
剥岳
西阿木名
富山丸慰霊塔
大兼久海岸
亀徳
亀徳新港
犬田布岳
河地
亀津
犬田布岬
糸木名
八重竿
白井
徳之島町役場
戦艦大和の慰霊塔
尾母
犬田布
中山
南原
泉重千代翁像
伊仙町
鹿浦
泉芳朗像
喜念権現
喜念
喜念浜海岸
テイゴの大木
歴史民俗資料館
面縄
目手久
ガジュマル
伊仙町役場
面縄海岸

「明日の用意もあります。今夜は此れぐらいにしましょう。」惣横目の仲為が一座の者に解散を促すように伝えると、一座の皆の衆は一斉に座を立ち始めた。役人中原は明日の出発の時間等西郷に伝えて仲為と共に退出した。

その晩は、中原と仲為両人二人きりで深夜まで仲為屋敷で語り明かしました。

仲為の様子が段々とおかしくなってくる。軽い目眩がして頭を抱えて苦しそうである。

「少しお疲れのご様子、もう横になって下さい」中原が気遣って仲為を促します。

中原は倅の仲祐を呼んで、早く床にお供するように頼みます。

明くる朝、仲為はとうとう、起き上がる事も出来ない状態になってしまいました。

西郷が聞きつけて飛び込んで参ります。仲為は熱にうなされて起き上がる事も出来ない。横で倅の仲祐が昨夜急に発熱してこの有様、折角の全島一周にもお供叶わないで、残念だと熱にうなされながら、うわ言を申している。と西郷に症状を報告します。

役人の中原は予定通り全島一周は仲祐に案内させて回るようにと指示を出しました。

西郷も事情を察して中原の指示に従うしかありません。

仲為・仲祐親子と共に島の見物が出来る事を楽しみに早起きしていたのに、思いもかけぬ仲為殿の急病に、西郷の気持ちは沈み、何か胸に鉛がぶら下がってしまったように感じていました。嫌な予感がやがて的中するのですが、覚悟も新たに、一同は出発する事になった。

大島龍郷から妻子の付き添いで来た富謙・宮登喜両名も、初めての徳之島一周に参加出来て幸せな事だと有頂天。西郷も仲為殿がご同行出来ないのは残念では在るが、愛加那と菊次郎・菊子の三人に素晴らしい記念になる見物をさせてあげれる事、感謝に堪えない思いをしていた。

これは、一体誰に感謝するべきかを、漠然と思い巡らせながらの出発であった。旅から帰ってくる明後日には、三度の遠島命令書が待ち受けている等とは、一同誰一人分からないし、知る由も無い。その事を知っているのは、熱にうなされて寝込んでいる仲為と、役人の中原の二人だけである。中原は仲為屋敷に明後日まで独居して一行の帰りを待つ手筈になっていた。公式には西郷が旅に出ていて、命令書を渡すことか出来なかった事にするための計略である。

役人中原と惣横目仲為の心尽くしの策略が、明後日の西郷に下される、酷薄非情な命令書受諾の際のショックを、少しでも和らげるのに効果があればと、中原は只願うばかりでした。

西郷一行は仲祐に案内されて、名所を回ります。南周りのコースで一番の難所は島で一番大きな川「秋利神川」である。この川は昔「穐禮川」と呼ばれていた川で、両岸が四十五度ぐらいの勾配で切り立っていて川を渡るのにその急勾配の坂道を一キロ以上も下り、川を渡って、また南壁を今度は登らなければならない。牛に荷物を付けて行くのですが、爪の悪い牛は通れないほどの険しさである。丁度日照りが続いていたお陰で水量も少なくて飛び石づたいに渡り切る事が出来る。大雨があると通行止め、所謂川止めに遭ってしまう難所です。

一同川の中で足を洗い、草履を洗って暫し川石に腰を下ろして休息を取ります。

幼い菊次郎は石を引っくり返して何かを捕まえて歓声を上げる。大人も釣られて川遊びを始めます。仲祐は西郷の草履をとって洗い、日当たりの良い石の上に置いて干します。西郷の身の回りのお世話にはすっかり慣れたものである。背中に荷物を括り付けられている牛は、勝手に川を渡りきって、南傾斜の上り口近くまで進んで途草を食べている。各自手拭いを濡らして汗拭きの用意をして出発です。

川を渡り切って平地に出ると西阿木名集落、更に進むと小島鍾乳洞がある。この鍾乳洞は古代に島を開拓した夫婦の居住場所であるとの伝説もある。子孫繁栄の神が祭られている。

鍾乳洞を出ると。南へ行くに従って海岸線と台地との落差が高くなり、海岸から見上げる断崖は延々と続く、暫く行くと台地の割れ目に川が見つかります。此処だけは数軒の人家もあり河口の海岸にはこの地方で出来る砂糖積み出し港が備わっている。

数日後には、西郷がこの港から目の前に見える「沖永良部島」へと旅立つ宿命にあるのです。東シナ海に浮かぶ「沖永良部島」は西郷にとっては、獄中の刑を送る事になる苦難と試練の島になるのです。奄美大島龍郷、そして、この徳之島では流罪人と言えども、身柄を拘束される事もなく、こうして家族旅行も出来る自由があったのです。

伊仙に着いて一行は驚いた。西郷一行が到着となり、あちらこちらでほら貝が鳴り響き異常な雰囲気である。聞けば、中原と惣横目仲為が昨夜の内に飛脚を出して、伊仙の惣横目に仔細が伝わっていたのだ。西郷はこの地でも大島三右衛門即ち西郷吉之助として知れ渡っていたのである。流罪人どころか、徳之島の農民を救うために来島して来た「救世主」として崇拝の対象になっていたのです。

伊仙惣横目の手配した宿舎の近くには、歓迎の宴席が設けられて、接待のご婦人がタスキ掛けで慌しい動きをしている。ほら貝の知らせを聞いて、村人が駆け足で会場へ押しかけている。一目西郷様を拝みたいと願う群衆である。常識として当たり前の事をしただけなのに、島の人々にとっては大きな喜びであり、有難い希望を与えた事になっているのである。

村の長老が代表で西郷にお礼の挨拶を述べる事になっていた。長老は西郷の前へ進み言葉を用意していたのに、声も出ずにただ感激、感謝で喉が詰まり言葉にならない。西郷の大きな掌で痩せ細った手を握られると，尚更勿体無くて舞い上がり、仕舞いには声を出して嗚咽してしまった。一同も感極まって涙ぐみ、拍手の嵐が巻き起こりました。

この村の農民達が如何に理不尽な過酷な悲しい目に合って来たことか、が分かるというものです。いよいよ酒宴が始まります。

蛇味線が鳴り太鼓の囃子も入ると、思い思いに立ち上がって踊りが始まります。それは、日頃のつもり積もった鬱憤を晴らすかのように、生き生きとした手振りであった。老いも若きも、男女入り混じって手踊りは披露された。西郷のご恩に報いる至純な心意気は西郷始め一行の歓迎には過ぎたるものであった。

西郷は流罪人の分際で、このようにもてなしてくれる人々の温情をひしひしと受け止め、感極まるものを肌で感じていました。

惣横目仲為は以前この伊仙の集落でも役人をしていた事もあって、仲為本人が同行出来ずに倒れた事を知って、村人は大変な心配をし、倅の仲祐は質問攻めにあってしまいました。

仲為と言う役人は、現在の岡前集落でも信望の高い、村人の尊敬を集めた徳の高い人物であるが、前の任地の当地で、今尚その人徳を慕っている者が多いのには西郷も驚かされました。

村人のためには私財を投げ出して、公共の事業を進めている功績が薩摩藩の藩庁にも知れ渡り、藩から「琉」の姓を賜って名乗るようになったほどの人物である。当地伊仙集落に昨夜の内に飛脚をやって歓迎の根回しをしている。恐らくこれから回る先々にも飛脚が放されて、歓迎の手抜かりがないように手を打っていることであろう。

久光公の過酷で非情な命令書を見て、仲為は藩命を曲げてまで西郷にせめて全島一周を家族と供に味わい、楽しんで欲しい、そして、命令書は一時勝手に預かっていた事を謝して、その上で西郷にぶつかって行こうと、覚悟しての結末である。

西郷の心中を思い、心配し、苦悩した結果が、強度の過労・ストレスとなって倒れてしまったのである。仲為という人は他人の心、気持ち、感情など洞察し、理解してあげられる優れた素質を持ち合わせた人でありました。

全島一周の一夜が明けて、宿舎の前には既に見送りにと人だかりで出来ていた。昨夜、焼酎を浴びるほど飲んで、グテングテンに酔いつぶれて帰って行ったはずの数人も、今朝は早くから目覚めて、ケロリとしている。余程酒に強いのか、焼酎は二日酔いがないのか、強靭なスタミナを蓄えているのであろう。

心優しい村人に送られて次の訪問地へと向かう。島の南端、一名島尻と言う地方から東海岸、太平洋沿岸の村へと進む。ここは島の代官のいる街「亀津」である。

村境に差し掛かると、先方から馬に跨って代官上村が出迎えにやって来た。岡前の中原・仲為から既に連絡があり代官も二人の心遣いを良しとして快く承諾したものでしょう。代官は西郷の前で馬から下りて丁重に挨拶し、自分が乗って来た馬に乗って下さいと勧めますが、西郷はそれには及ばぬと断って代官と肩を並べて語らいながら歩いた。

宿舎に落ち着いて、歓迎の酒宴が始まります。昨夜と変わらぬ村人の歓迎ぶり、西郷はやはり徳之島中の人気者になっている事は明らかです。

宴会が盛り上がり、一息いれているところで上村代官が襟を正して小声で西郷に耳打ちし、奥の間へと西郷を案内しました。

上村代官は、この度、西郷の沖永良部島への遠島処分の命令書が来ている事、中原が伝達に伺いながら、久しぶりの家族の再会の席に出くわして、役目を果たす事が出来ず、仲為と計らって、こうして全島一周を企んだ経緯。そして、二人が如何なる処罰をも覚悟であるとの、上申書まで出している事、西郷に事の顛末全て申し上げる事にした。

代官の説明を静かに聞いていた西郷は、大きな黒目を閉じて頷き、三度の遠島処分の沙汰には動ずる事もなく、中原・仲為の心遣いに感銘し、上司の上村代官の寛大で温情溢れる処遇が有難く感激多謝の向け場がないほどであった。

「明日、岡前に着かれましたら、二人の者が苦しい弁解をすると思います。何卒お責めにならないようにお願いします。」

「責めるどころか、お礼を言わねばなりませぬ」

「それにしても久光公の怨念はひどう御座います」

「いやいや、切腹覚悟でおりましたから、命が助かっただけでも有難い事でごわす」

西郷の一言一句が胸を打ちます。

「徳之島での夏は、人々の優しさ暖かさに支えられて、少しは徳を積む事が出来もうした」

向かい合った西郷と代官の二人の間に暫くは静寂の時が流れていきました。

三度の流罪地・沖永良部島へ

予定通りの全島一周を終えて、西郷一行が岡前集落の屋敷に帰り着いて見ると、近隣の人々からの贈り物がうずたかく積まれており、西郷一家の旅の慰めにと宴席まで用意して皆が出迎えてくれた。

「お疲れ様でした。お帰りなさいませ」

役人中原が先ず西郷に声を掛けました。

「中原どん、おはんには大変ご苦労かけました。亀津の代官に全て聞きもうした」

「左様でしたか、恐れ入ります。それで如何なされましたか」

「皆の者には今夜白状し申す。中原殿も立ち会って下され」

「かしこまりました」

「して、仲為殿の御容態は」

「それが、芳しくありませんぬ」

旅装束のままで西郷は中原と語らいながら仲為の寝所へと向かった。

倅の仲祐が奥へと先導します。

仲為は西郷の気配を察して床から起き上がろうとして倅に体を起こさせようとする。

それを西郷が制して
「そのまま、そのままで」と言って仲為を横たえる。

代官から事細かに事情を聞かされた事、また、この度は役人中原両人の計らいで全島一周が出来て、行く先々で大変な接待を受けた事、これは全てお二人のお陰だと頭を下げてお礼を述べました。仲為は床に臥したまま西郷の一言一句感銘深く受け止めて頷き、声には出せなくても安堵の表情を見せて涙ぐみました。人間歳を重ねると涙もろくなるものらしい。

この老役人は西郷三度の遠島命令書を見て、我が事のようにショックを受け、苦悩して遂には心労が過労と重なって、病になってしまったに相違ない。西郷は仲為の容態を見て初めて直感しました。そして、絶望のドン底で自分はこの人と出会う事が出来て、徳之島が徳に溢れた素晴らしい島であることを悟る事も出来た。人生は人と人の出会いである。西郷は仲為の細い手を固く握り締めて、早く元気になって欲しいと願った。

「折角再会出来たと言うのに、愛加那様がお気の毒でなりません。諸行無常です。」

仲為は西郷の分厚い掌に握られながら、大島からやって来たばかりの妻子のことを哀れに思えてならない様子でした。

「こげんな男の世話でほんのこつ気の毒に思うております」

今夜は妻や村の衆に沖永良部島への遠島の命令書が来ている事を伝えなければならぬ。仲為の屋敷を跡にして、皆の待つ宴会場へと向かう西郷の後を追うようにして、仲祐が後ろから「先生、亀津の代官の所で何があったのですか」と食い下がるように質問します。

「仲祐ドン、今夜皆にも話しますので、少し待ってくれ」

役人中原も思いつめた表情をして口もきかない。仲祐もこれはただならぬ事態だと予感した。館では旅の出来事を語り合って、皆の者が明るい歓声を上げている。やがてこの明るい雰囲気が木っ端微塵に打ちひしがれて、悲嘆の場面に切り替わるのである。

一同夕餉の膳を片付けて、いよいよ酒宴が始まります。その後はお決まりの歌謡・立ち踊りとなる予定である。乾杯が終わり、皆の者が二、三杯も盃を飲み干したであろうか、西郷が巨体を起こして立ち上がり、中原殿を側に立たせて口を開いた。

異常な成り行きに、皆の者が静まりかえって静寂の数秒が流れた。

「この度、鹿児島の久光公から命令書が来申した。お隣の沖永良部島へ行け、とです」

一同声も出ずに西郷の次の言葉を待った。ところが、西郷は後の説明を役人中原に託した。中原がこの二、三日の出来事の一部始終を細かに説明した。

一通りの役人の説明で一同の者、事情は理解出来たようであったが、納得がいかない面持ちで肩を落とす者、肩を怒らせて中原に詰め寄る者、騒然となった。

息子の菊次郎と娘の菊子を両脇に座らせて、正座している愛加那は、既に覚悟が出来ていたものか、顔色も変えずじっとこらえていた。外見ではそう見えても、恐らくは心の中はいかばかりか、傍から察するに不憫でならないものであった。若い仲祐が爆発するように声を上げた。

「何故ですか先生。何故先生がそんな目に遭うのですか」

「悪い事したからですよ、仲祐ドン」

「どんな悪い事したと言うんですか」

「お殿様には気に入らない事をしたから仕方がない。切腹でなくて良かったと思っている」

西郷の言葉は泰然として続きます。

「島の皆さんには本当にお世話になりました。人生も季節と一緒で冬の後には必ず春が来ます。長い夜も夜明けが来て必ず朝が来ます。お天道様は分け隔てなく光輝いてくれます。健康を保ち、良い事を念じて暮らせば良い結果が必ず生まれます。信じて暮らせば幸せです。私は殿の命令でお隣の島へ参りますが、命が助かった事でほっとしております。私の事はどうぞご懸念なさらないで下さい。本当にお世話になり有難うございました」

西郷の話を聞きながら、すすり泣く者、怒って涙する者、歯を食いしばって堪えている者、仲祐のように拳を翳して激怒し泣き叫ぶ者様々です。

大島龍郷から出てきたばかりの愛加那親子と付き添いの二人は黙して語らず、目を潤ませて肩寄せ合っていた。

八ヵ月振りに再会出来て、この島で親子四人暮らせるかも知れないとの希望を抱いて、全島一周をしながら、愛加那は徳之島が気に入り心が癒されていた矢先のショック。亀津の代官在所から帰って来た西郷の様子がどこかおかしい、何事か在ったのではなかろうか、と流石に薄々は予感があった。しかし、一夜にして思いもかけぬ久光公の命令書の公表で、希望も夢も喜びも不吉な予感諸共に、木っ端微塵に打ち砕かれてしまったのだ。

数日後には西郷は南の沖永良部島へ、愛加那親子は北の大島龍郷へと引き離されて行かねばならない。これが流罪人を伴侶に持った、女の悲しい宿命であるのかも知れない。幼子二人を抱えて龍郷へ帰る心境は、余人に推し量れるものではありますまい。

役人の中原、惣横目の仲為の計らいで愛加那は二人の従者と供に大島龍郷へと向かいます。西郷は家族を見送り、村の人々に見送られて沖永良部島行きの通船の出港地井之川の港へと連行されます。当時井之川港は薩摩藩の御用船の港であり、役人の屯所も置かれていたようだ。

出発の朝、村中の人々が屋敷を取り囲んで別れを惜しみます。勝伝の婆さんが西郷の胸に顔を埋めて小声で西郷に耳打ちします。

「二度ある事は三度あると言いましたが、もう後はなかろうから、気をつけてね」

「婆さんも長生きして下さい。」

西郷は今は亡き祖母を抱くように老婆をしっかりと抱きしめて黒目に一杯の涙を溜めていた。ただならぬ気配に繋がれていた子犬がしきりに吠えている。子犬をくれた湾屋の小僧が子犬に近寄って子犬の首根っこを抱きしめる。西郷が近寄ってきて小僧と子犬双方の頭を撫でながら、

「犬の面倒はおはんに頼むで」

少年は大きく首を垂れて頷き言葉が出ない。

過労と心労で倒れて臥していた惣横目仲為が、倅の仲祐に支えられるようにして、西郷の所へ現れた。

「井之川までお供が出来なくて残念です。倅が替わりにお供いたします。」

「お気使いかたじけなか。ご無理なさらずに養生して下され。本当にお世話になり申した」

「沖永良部へ行かれても逆境に挫けずに、決して希望を捨ててはなりません。夢と希望を持ち続ければ、どんな試練にも耐えられます」仲為もこれ以上の言葉が出ません。

有徳の島役人、惣横目仲為は西郷との離別に際して万感の思いで胸が詰まり、適当な餞別の言葉が出てこないのです。西郷の両手をしっかりと強く握り、肌で熱い言葉を伝えるしかない。その手は熱っぽく、高熱にうなされていた余韻と重なって西郷の体に暖流となって伝わった。

西郷は、この時、徳のある島「徳之島」、有徳の人「仲為」に出会って悲嘆のドン底で心は癒され、骨肉相争い、騒然とした世情から離れて、二ヵ月余り暖かい村人と供に過ごせた事を

ひしひしと悟り、その御礼を島の世話役仲為に口上で述べなければと、言葉を捜した。

「本当にお世話になりました」ところが、同じ繰り返ししか出て来ません。

仲為の後を追うように出てきた仲為の奥方が、大きな風呂敷包みを捧げて西郷の前へ進み、頭の手拭いを取って涙を拭いながら、

「日持ちがするように角巻と灰汁巻の弁当を作りました、召し上がって下さい」

「心遣いかたじけない。いろいろと本当にお世話になり申した」

西郷滞在中に食事の面倒を見てきたのは、台所を仕切っているこのおかみさんであった。身の回りのお世話は倅の仲祐であったが。一切の食事の支度は仲為夫人が受け持っていたのだ。薩摩の人の口に合うように工夫し、たまには豚汁、豚骨料理もふるまわれた。

西郷が猪肉を好む事が分かると、村の猟師に頼んで猪で牡丹鍋もよく出してくれたものだ。

西郷の滞在二ヵ月余りの賄いの恩人は、他ならぬ仲為夫人であったのです。流罪人らしからぬ顔色の良い健康体で来られたのは、仲為夫妻、そして世話役の倅仲祐、この三人の堅固なコンビネーションによって保たれていたのです。

久光公の命令書には、沖永良部へ渡る船も囲い牢にするべしとはあったが、船出の港までの道中については取り決めがなかった。代官や役人は一応駕籠を用意していたが、西郷はそれには乗らずに徒歩で港まで向かうことになりました。

惣横目仲為は体調を崩して井之川港までお見送り出来ない無念もあり、倅の仲祐にくれぐれも最後までお供してお世話するようにと申し付けていた。仲祐は先の全島一周とは違い、この度のお供が容易ならざる事態であるだけに、気持ちは重く将来は西郷と供に薩摩へも上ってお世話できるものと、勝手に決め付けて、輝かしい夢を持っていたのに、その希望も夢も完璧なまでに、打ち砕かれてしまった現実が悔しく、悲しくてならないのでした。

西郷の身の回りのものを準備しながらも、無性に腹が立ち、久光公からの書状、一枚の紙切れが恨めしく、こうして悲嘆に落とし込まれたのが悪夢であり、夢なら覚めて欲しいものだと念じ、願う仲祐であった。

井之川の港までは一日たっぷりの道程です。岡前集落からは全島一周の際に回った逆のコースを辿る事になる。西郷が瞑想に耽っていた「大城嶽」や「大和城山」の山裾を抜けて、東海岸の太平洋側へと峠を越えて行く。岡前集落の近く湾屋港があり、そこからだと「沖永良部島」は目と鼻の近さなのに、わざわざ東海岸の井之川港へ連行されたのは、そこが役所の詰め所でもあったからでしょうか。峠を越えても達成感はおろか、悲しい船出が近づくばかりである。

一行の行列が集落に入る毎に、悲報を聞き知って、辻には見送りの人々が手を振り、声を上げて出迎えてくれた。連行する役人は村人の西郷に対する同情の波に押しつぶされて、己の役職が恨めしく、後ろめたく思いながら背をかがめてやり過ごすしかありません。

母間集落から南へ下ると井之川集落である。古代の村人は井之川岳のことを「稲穂岳」と称したらしいが、集落は古くから井之川岳に源を発する井之川の恩恵により、水田も広く営まれ、集落は発展していたようだ。現代では初代朝潮横綱の出生地として名高い集落です。

今日では港としての役目はお隣の亀徳港に譲っていますが、薩摩藩治世の頃は島を代表する海の玄関口として栄えていたらしい。

薩摩からの役人が赴任してくる祭にも、また、任期を終えて薩摩へ帰る祭にも、この港を利用していたという事です。西郷をお隣の沖永良部島へ送り届けるにも、公の関わる事であり、わざわざ東海岸の井之川港まで連行されて来たのでしょう。

沖永良部島への船出をする井之川港に着いたのは一八六二年の八月初旬でしたが、天候待ちと船牢の製造に時間がかかったようで、西郷はこの地で約半月も逗留する事になったのです。

役人に帯刀を預けて、西郷は泰然としていたようだ。在番役人の対応も頗る好意的であり、天候待ち、船牢製作を意識して遅らせたものではなかろうかと、推察されるのです。

身の回りのお世話をしている仲祐を、船出の当日まで留め置いて世話を続けさせています。井之川港は湾屋港と同じように、薩摩藩の砂糖積み出し港でもあり、岡前からは三里余り、一日の道程にしては楽な移動であります。

在番の役人がその気になれば二、三日、長くても四、五日で送り出せるはずであるのに、役人達は一日でも入牢遠島の仕置きを、延ばして差し上げたかったに違いありません。船に牢を仕込み、次は順風待ちとして日数を稼いでいるのです。西郷は恐らく、これら在番役人の心遣いを身に沁みて感じ取っていたものと思います。西郷が井之川滞在十日目あたりで、お世話になった惣横目仲為にお礼状を出しています。

「度々、ご懇切なお手紙を拝見いたし、まだ全快なさらぬ由、時分柄御愛養なさって下さい。したがって、拙者にも異常なく、船に滞在中にて日を過ごしていますから、憚りながらご安心下さいませ。のぶれば、子どもなどが大島に帰ることについては、いろいろご心配下さいまして厚くお礼申し上げます。仲祐にも御宅へ帰らせたいと心から思っていますが、在番役人が留め置くようにしたと聞いております。それゆえここに留め置いて私のために御心配していただいたお礼さえ出来ず、残念に堪えません。いずれ沖永良部島へ流されましても、お手紙も差し上げる事は、とても思うように出来ますまいから、どうぞ右等の処はお許し下さい。

この度、幸い便がありましたので、御礼申し上げます。

閏　八月十一日　　　　吉之助拝

西郷吉之助から惣横目仲為宛てに出されたこの手紙からも分かるように、西郷は船中から手紙を出している。在番役人の心配りや、倅仲祐は役人に申し付けられて、お世話役を続けさせられている事。在番役人の心尽くし、仲祐の献身的なお世話振りが、西郷にとっては身に沁みるものであったことは容易に察しがつきます。

在番役人を始め、岡前から見送りに来た村人、また、井之川集落の人々全てが、西郷の遠島流罪を我が事のように受け止めて、悲しみを共有してあげたい思いがあったのでしょう。

島の窮状を改革してくれた恩人、島にとっては、有史以来の救いの神様のような崇高な人、人々に希望と夢を持たせてくれたのは幻であったのだろうかと、誰しも悲しくなるのは当然であります。西郷が船出した港の現状はどうなっているのか気になります。

井之川港の往時を偲ぶものは悉く変貌して史跡として残っていないとの事ですが、西郷に縁ある松があって、地元では「西郷松」と呼んでいる人もいるらしい。

西郷が徳之島湾屋に流されて来て、上陸した湾屋川河口には立派な記念碑が建てられている。例え、三度の流罪人出港地であれ、船出の記念碑を建ててあげられなかったのかと悔やまれる。

今からでも遅くはない。

ここが「西郷隆盛出港の地」の碑の建立に立ち上がっては如何なものか。

記念碑建立運動の輪が広がって欲しいものだと筆者は心から祈願する一人です。

井之川港の別れ

文久二年（一八六二年）　閏八月十四日は現在の十月八日に当たるようです。

西郷はこの日に沖永良部島へ向けて、井之川港を出港しています。

久光公の命令書は、西郷個人の人権を蹂躙するだけではない。徳之島全島民の希望と夢、そして人権を根こそぎ蹂躙してしまったようなものでした。それなのに、当の西郷は、冷静にして虚心坦懐な気風を保っていた。久光公のこの遠島命令書こそは、後世の歴史研究者からも必ずや傲岸不遜《ごうがんふそん》の汚名であるとして、語り継がれて行くものでありましょう。

暦の上では初秋であるが、南国徳之島での太陽は東海岸太平洋から燦々と照りつけて眩しい。井之川の港にも輝かしい陽光が降り注ぎ、気温は真夏並みにぐんぐん上昇して行きます。

内陸部の森羅万象一斉に西郷の船出を固唾を呑んで見守っているようにに見える。

野良仕事を放棄して、村々から一目西郷様を拝み、お見送りしようと群衆が集まる。

河口の港には時ならぬ人の波が押し寄せていた。海は鏡のような凪ぎで風もなく静かなのに、陸上が人々の波で荒れていたのだ。

西郷はこの港に来て半月も泊まる事になったが、それは一日でも徳之島に留めて置きたい島の役人の、せめてもの餞であり、罪人として沖永良部島へ送り届けたら、入牢の試練が待っているのを慮って、ぎりぎりまでも船出を遅らせた結果であり、西郷にとっては一つの修行の時間でもあったわけです。それはまた、行であると同時に、来るべき試練に臨む堅固な志を持つに至ったことにも繋がることになったのでしょう。

いよいよ船出の時刻となり、役人の中原万次郎が西郷の前に進み出て挨拶をしました。

「西郷先生、お別れです。喜ばしい召喚の日を待っています。どうかお体を大事に」と述べて後のセリフが出て参りません。

「有難う。お世話さんごあした。おはんの志は決して忘れもさんど。上村代官どんにも宜しゅう伝えてくだされ。ああ、仲祐ドン、いよいよ別れじゃ、男が泣くもんじゃなかど」

『寝食をともに暮らす』と言う諺がある。

西郷が徳之島岡前に落ち着いて以来、西郷はこの仲祐と寝起きから身の回り食事まで、常に供に暮らして来た。その西郷との別れに際して泣くな、と声をかけるのですが、多情多感な青年の仲祐には無理であった。男が泣くな、と仲祐の両肩に手をかけてなだめている西郷本人ですら大きな黒目に、臆面もなく涙が一杯ではないか。

役人中原は照りつける陽光のまぶしい船の上で、竹の皮で編んだ愛用の笠を、航海中の日除けに使ってくださいと西郷に渡しました。出港までは船牢に入る事もないとして、岸壁に群がる群衆の見える船べりに西郷を案内して、中原役人と仲祐も下船しました。

下船した仲祐に西郷は頭の上から
「お父さんに早く元気になるように孝行するんだぞ、そんなに泣いてばかりでは、おいも行きにくくなっど」

「先生、航海中は牢に入る事もなかろうと、代官も申しておりました。自由にしてください」

声を上げて泣き出した仲祐の横で、中原役人が西郷に代官からのメッセージを伝えました。

「有難いことです。だが、船牢もなかなかいいものです。それよりも仲祐ドンの事、宜しく頼みます」

西郷は二ヵ月半、七十五日ぐらいになるか、その間寝食を共にして来た仲祐、相撲の相手は勿論、勉学も共にやって来た。また、都、京都での話。名君斉彬公との話を誇らしげに語り聞かせた青年、何事にも乾いた真綿が水を吸い取るような、熱情で対応して西郷の心は、この若者によってどんなにか癒されたことか知れない。岸壁に群がる群衆やお世話になった役人に憚りもなく、二つの魂は別れを惜しんでいたのだ。硬い絆で結ばれていた二人の別れの様子は、並み居る群集にもよく理解できるものであった。西郷の横には護送役の徳之島東間切横目の竜禎用喜《ていようき》、更に藩から使わされた警吏が並んで群衆に手を振ります。船は錨を揚げ岸を離れます。

西郷は中原から餞別にもらった笠を大きく振り、岸の人影が小さくなるまで立ち尽しました。

船が沖へ出て岸の人影も見えなくなり、西郷は徳之島との万感の思いを胸にして狭い船牢へと移りました。護送役の竜役人と藩の警吏が、中原殿も申された通り、何も狭い船牢に入らなくてもよろしいではないかと、促しましたが、西郷は、

「有難い心遣いですが、殿の命令に背くわけにはいかない。どうかお構いなく」と辞退した。

船牢に入って、膝に書物を置いて泰然としている様は、流罪人というよりは修行を続ける高僧のように、護送役には思えたのです。

徳之島井之川港から沖永良部島まで約十里、キロにして約四十キロ余りであろうか、順調な航海で予定通り沖永良部島に着いた。竜役人が甲板に出て島の様子でも御覧になりませんかと勧めるのですが

「受け取りの役人が見えるまでは、おはん達の役目もごはんで、ここに居もす」と辞退した。竜役人が下船して一里ばかり離れた仮屋元の島の役人の所へと急いだ。

藩から使わされたと言う警吏が一人になった。

この人物が先ほどから不審な行動をしていて西郷にすれば、得体の知れない刺客ではなかろうかとまで疑わしく思っていた。それならば潔く打たれて死にもしようと、実は腹を決めていたのだ。その警吏が船牢に近づき、腰の物大小を床に置いて平伏し、

「西郷先生これをどうぞ。先程から隙がごわはんで」と懐中から一通の書状を出して渡した。

西郷は警吏を誤解していた自分を責めながら、受け取った書面に目を通した。その書面は大島代官の同志でもある桂右衛門からの慰問状であった。その内容は、

「吾等同志は足下の赦免について、大いに奔走するから、時期の到来するまで辛抱してもらいたい。決して力を落とさず自重自愛せられよ」とあった。

西郷はこの大事な書状を極秘に必死でもたらしてくれた警吏を疑ったりした自責の念と、同志の友情を改めて深く肝に銘じるのであった。

「ありがとうごあした。大島へ帰られたら桂どんに、西郷が大変喜んでいた、いけんなことがあろうと、死ぬような事はごはんで、どうか安心しやもんせとお伝え下され」

西郷は言い終わると拳で涙を拭いて警吏に礼を述べた。船牢の外に平伏していた警史も、もらい泣きして顔を上げる事も出来ずに床を濡らしていた。

沖永良部島代官は黒葛原源助《つづらばらげんすけ》と言う珍しい名前の役人であった。

竜禎用喜役人は「大島三右衛門遠島命令書」つまり、西郷の遠島命令書を島役人に届けて船に戻って来た。竜は西郷が航海中も神妙に船牢に入って居られたので、お気の毒だし、せめて格子付牢屋が出来上がる間、今夜だけでも陸へ上がって、休ませてもらえないものかと懇願したのだが、島の役人も久光公の「命令書」を無視するだけの勇気、裁量を持ち合わせておらず、結果的にはこの船牢にて一夜を過ごさねばなりません。と西郷に報告した。

竜禎用喜にすればせめて二、三日、牢屋が用意されるまでの間でも、西郷を陸の上で過ごさせてやれないものかと努力したのだが、力不足で申し訳がない、としきりに残念がるのでした。

「いや、この方が気楽でよろしい。おはん達も迷惑でした。疲れ申したことで、もうお休みになって下され、私も寝もすで。」

西郷は二人の警護役に声を掛けて、足を伸ばす余裕もない船牢で静かに眠りに就いた。

沖永良部島の一夜は西郷にどんな夢を結ばせたのであろうか。

「旅は濱宿り　草枕、寝ても忘られぬ　我が家の側」

旅に出て、野宿するような時でも　草を枕に寝ているのに夢は我が家の辺りをかけめぐる。奄美地方で歌われる民謡である。西郷は沖永良部島の一夜を窮屈な船牢の中で一体どんな夢を見たのであろうか。奄美龍郷へと別れて離れ離れになった妻子の事なのか、それとも徳之島井之川港で別れた、仲祐青年の至純な涙の顔を懐かしく夢に見たのであろうか。京都での事、鹿児島の事等も走馬灯のように広がる夢であったのかも知れません。

西郷はこの島で間切横目《まぎりよこめ》「土持政照《つちもちまさてる》」と言う人物に出会い、義兄弟の契りを交わすほどの親交を結びます。この御仁の献身的な対応があって、西郷の沖永良部島滞在は、天から授かった試練の場としての修行・鍛錬が完成したものと言われている。土持政照の計らいで、座敷牢が完成し、四ヵ月ほど過ごした岩場の牢から、清潔な座敷牢に移り召喚までそこで過ごす事になる。

猪肉の差し入れ

沖永良部島に到着した西郷の牢屋は、二坪程の岩場に茅葺きの壁もないもので、風雨が吹き込む格子で囲まれた粗末なものが用意された。島役人によって急遽作られたこの牢屋で西郷は約四ヵ月ほど過ごしたのでした。

秋が過ぎ冬になり、南国とは言っても夜になれば気温十度にもなるのです。

西郷はこの牢に入れられた当初、出される食事には手も付けず、髪は伸び放題、座ったまま眠っていた。断食僧の如く振舞って日に日に衰弱してきました。掛かり付けの役人、土持政照の目には、西郷が衰弱死を決め込んでいるように見えた。役人として、流罪人とは言え端然としたこの御仁をこのまま死なせてはならない、と同情して覚悟を決めます。命令書に反しない改善策を提案しました。

土持が提案したのは、自費を投じて座敷牢を造り、そこで監視すると言うものであった。

奄美大島龍郷、徳之島流罪と違って、今回は無期限の入牢命令である。西郷自身も南国の孤島沖永良部島で、獄死した方が楽になれるものと半ば覚悟していたに違いない。この悲壮な覚悟を役人土持が見抜けなかったら西郷の復活も無かった事になります。

西郷自身の心境や如何、三度の流罪、死罪が免れたにしても否応なく生かされている。辛酸を舐める日々、今、瀬戸際まで追い詰められて「生」に向き合い、裸で無力な自分。生き恥を晒し武士としては屍も同然だ。

毎日、東シナ海に沈みいく夕日を眺め、茫漠たる自然を前にして、人間の愚かさ、人間の営みのなんと小さい事よ、権力の座を奪い合い骨肉の争いをも垣間見て来た。

自分と同じ改革の同志や先輩達は、こうして流罪人暮らしを貪っている間に、次々と幕府に捕らえられて処刑されて果てている。

吉田松陰・橋本左内・頼山陽・梅田雲浜等。牢中で目を閉じれば一人生き永らえて如何せん。僧月照とも心中未遂を起こした。一度は死んだ命である。獄中瞼を閉じても魂の休まることは無いのでした。

幕府の追跡を逃れるために墓まで作り、二度も名前を変えて苦悩していても、魂は開かれそうにも無い。先君斉彬公に先だたれて以来、生き甲斐を失っている身の上に、次々と襲い掛かる逆境の流れ、そんな西郷を、大自然の及びもつかない抱擁の力が包んでいるのでした。

南国の孤島に流転していたからこそ、刺客に襲われる事も無く、幕府の追手に捕まって処刑されることもなかった一面もあったのは確かである。入牢して瞑想するのは「天」から賜った艱難・試練となり、大西郷の人間形成を完成させるのです。

土持政照は西郷の並々ならぬ風貌と決意を見守りながら、遂に座敷牢の提案をして西郷の待遇改善を進めて行きました。岩場の牢獄とは比べ物にもならない座敷牢です。土持の母が賄いを担当します。徳之島では仲祐青年が食事の世話をしていた。この島に来て、今度は土持母子のお世話になる事となった。土持の至純な心が通じて、かたくなに食事もしないで衰弱していた西郷の魂も拓かれていきます。座敷牢に移ってからはめきめきと健康も回復しました。

そして遂に、西郷は土持の母に頼み込んで、兄弟の契りを交わしたいと申し入れます。

土持家は城下の藩士であり、母は琉球時代の島主の娘と言う家系です。西郷の申し入れは喜んで受け入れられて二人は兄弟の契りの杯を交わしたのです。母のツルは頼もしい子どもが増えたものだと、ご機嫌でした。その夜の格子を挟んでの宴席で西郷は島歌を歌っています。

「わんや、こぬ島に　親はるじうらぬ、わがかなさるちゅうが　わ親はるじ」

私はこの島に親も兄弟も、親類もいない、頼る者のいない身の上である。この私に取っては、私を愛してくれる人こそ親であり、兄弟であり、親類である。と西郷は大島の方言で歌っているのです。それに対して土持の母ツルの返歌が素晴らしい。

「旅のちゅうどやしが　かに可愛しやあろや　肝からがやゆら　縁がやゆら」

旅《ヤマト》の人であるのに　どうしてこんなに慕わしく、懐かしいのであろう。真心が合ってのことか、これがご縁と言うものなのか。座敷牢での酒宴は盛り上がりました。

待遇改善の二つ目は、月に一度に決められていた入浴の回数を増やした事である。

久光公の命令書には入浴の回数など書き込まれて居ないのだ。土持と言う役人は頭のつくりが、柔軟に対応出来るようになっていたのであろう。月一回を三回に増やし、間もなく六回に増やし、最後には隔日に増やしている。この事だけでも土持と言う人物の大きさが分かる。

幽閉の身でありながら、御殿様か、お公家様のようなもてなしを受けているのです。

土持はまた、西郷が退屈しないように読書の弟子をつけたり、役人仲間の福山・高田両付け役にも西郷のお相手をするように計らっています。

たまには相撲の相手を連れてきたり、流罪人の川口良次郎と言う陽明学者を紹介したりしています。この川口と言う学者が西郷の学問・書道・作詩の師匠を務めた人物のようです。

後には鹿児島で西郷屋敷に同居して西郷家を守った人物。西郷が城山で没してからも、西郷の墓標を書いたと言われています。

従って、現在鹿児島の浄光明寺にある西郷のお墓の「西郷隆盛の墓」の字は、この川口の筆によるものだと言われ、川口はまた私学校の教師もしている。

格子を挟んでの勉強の最中に居眠りをしたり、道に迷って遅れたりするので、西郷からあだ名を付けられていた、「睡眠先生」「迂闊先生」がそれである。

西郷に教えを受ける弟子の数も二十人ばかりいた。彼等は格子越しに西郷から聖賢の教えを受けて、後の島の勤勉にして向学心の旺盛な気風の、人材輩出に貢献しているのです。

西郷が沖永良部島で役人の真心に支えられて過ごしていた頃の出来事であります。

徳之島岡前の仲為夫妻から西郷の好物でもある猪肉が差し入れされて来たのは、丁度この頃の事らしい。仲為夫妻、仲祐にしても、沖永良部島へ流罪になった西郷の事が、非常な関心事であったのでしょう。砂糖積み出し回船が、沖永良部から経由して寄港して来ると、西郷の情報を事細かに聞き回り、また、漁師が沖永良部島へ行った事を聞きつけ、消息を調べ回った。

沖永良部島へ行く船便を使って、何か差し入れをと考えた所、沖永良部島では手に入らない猪肉が一番だと思いついて、仲為の奥方は丁寧に塩漬けにした猪肉を真心こめて梱包し、船便に託したのです。

届いた猪肉は恐らく土持の母ツルの手で料理されて、西郷の座敷牢へ運ばれたのでしょう。西郷にすれば、徳之島では仲為親子に一方ならぬお世話になり、沖永良部島へ来てまで真心に触れる事が出来て、余程感激したのでしょう。西郷が仲為の奥さんに出した貴重な手紙も、徳之島の縁者の所に存在すると言う情報もあるが、筆者は未だ拝見する機会に恵まれていない。

西郷と言う人は、大島龍郷では愛加那にめぐり合い、徳之島では仲為親子にめぐり合っている。沖永良部島では土持母子にめぐり合った。度重なる逆境の中で、その都度素晴らしい出会いに恵まれた人であったのだと、つくづく思う。

再び鹿児島へ召喚

西郷が沖永良部島で土持政照と兄弟の契りを交わしたのは、文久三年で西郷三十五歳、土持が数え歳二十八歳の時でした。

西郷は土持の世話で島の若者に「一家和親の方法」だとか非常事態に備えて、島の人々を救う心構え、「社倉趣意書」なる思想を伝授している。また、巧みな漁法に必要な「漁具」の製作まで教え、時には軍談を語り、政治の要諦にも及んでいます。

政照には「政治は愛である、故に為政者は愛を以って人民に臨まねばならぬ」と説き明かしている。「与人役大体」「横目役大体」等の役人心得を政照に説いて聞かせています。

西郷がこうした沖永良部島での暮らしをしていた頃、鹿児島、京都では西郷召喚運動が段々と高まりつつありました。

薩英戦争にも勝利した頃、西郷の提案で沖永良部島では官材を払い下げして船を造る事を勧め、船も目出度く出来上がります。西郷が御赦免になった暁には、その船で帰藩出来るとして備えていた物です。土持政照の代筆をして、西郷は島に外国船が来て不法な振る舞いをする時には、防戦出来るように島に藩の大砲を設置するように、請願書も書いております。

薩英戦争の勝利に対する飛脚船として、新造船には島の慰問使が乗り込み鹿児島へと処女航海に出ます。その旅立ちの餞に西郷は歌を詠んで居ります。

君がため　ふかき海原ゆく船を
　あらくな　ふきそ　しなとみみの神
諸人の　誠のみつる　船なれば
　ゆくもかえるも　　神やまもらん

西郷召喚の掛声があがっていたのは、慰問使への歌を詠んでいたその頃であろうか。

「この場合、西郷さんが居てくれたらなー。」

奈良原喜左衛門、平田平六の両人から自然に出てきた一言が輪を広げていきます。

人々の口には戸を建てられないものです。この噂が黒田清隆の耳に入り、久光公に建言しましたが、簡単には実現しません。

家老の小松帯刀や大久保利通にも陳情がきますが、二人は、先年に西郷遠島命令書に署名捺印した経緯もあり、殿へ建言しにくい立場であるとして他の者にその役目は回されました。いつも久光公の側にあってお目通り可能な高崎猪太郎・高崎左太郎の両名が選ばれて建言する事になります。勤皇派の面々はこの多難な時局に、各藩の交渉に当たる人物のいない事を憂いており、西郷召喚は最早大局打開の希望であり、残された手段になっていました。

久光公もこれらの動きを知りながらも、即座には決めかねる問題であり、この件になると不機嫌になるのでした。

京都詰めの藩士の間で、元治元年正月、俄かに京都丸山に会合して西郷召喚の運動が再燃しました。三島弥兵衛・福山清蔵・井上弥八郎・折田要蔵・柴山竜五郎他十数人が久光公に具申して聞き入れられない場合は、殿の御前で潔く割腹することを申し合わせたのです。

更には、京都室町通り烏丸今出川の宿屋米屋伴兵衛方に、三島・高崎・永山・篠原・椎原・吉田・柴山・宮内等の面々が集まって、割腹覚悟で久光公に具申する決議をしました。

これには流石の久光公もかねての怒りを和らげて、

「汝等の言う処によれば、誰もが西郷は賢者だと言っている。それでは久光一人が頑固に、汝等の願いをさえぎるのは、すなわち公論に背くわけである。よろしく藩主忠義の裁決を仰ぐ事にしよう」と漸く折れて裁可された。

この時、藩主は忠義公になってはいたが、久光の承諾がなければ事は決まらなかったようです。久光公から藩主忠義公にもたらされた書面を見て、藩侯は直ちに久光公に応えて返事を送っている。正月下旬の事であり、ここに西郷の召喚が正式に決定されたのである。

同士の喜びは絶頂に達したのは言うまでもありません。

西郷は沖永良部島に遠島で流されて、二年近くの春を迎えます。

元治元年二月二十二日（一八六四年）の事であった。薩摩藩の汽船胡蝶丸が西郷召喚の使者として、西郷の弟西郷従道・吉井友実・福山清蔵の三人を乗せてやってきました。

西郷がご赦免になる知らせは、飛脚便で離島にも前もってもたらされていた。しかし船便をどうするかまでは誰も知らなかったのです。ところが、やがて藩からの召喚船が山川港を既に出港していると知らせもあり、到着を心待ちしている矢先に、黒煙を上げて沖に現れた胡蝶丸を見て、あれは沖縄へ向かう汽船であろうと思いきや、胡蝶丸が碇をおろしたのである。

藩の大型汽船を召喚船に仕立てて遣って来た事に島の者一同は先ず驚きます。流罪人として徳之島から宝徳丸で来島した時とのギャップの大きさに驚くのも無理はありません。

沖合に碇を下ろした胡蝶丸から艀に乗り込んだ召喚使が渚に着くと、弟の従道は浜辺の群衆の中でひときわ大きく目立つ兄の西郷に駆け寄り挨拶を交わします。

「兄さん」

「よう。来たか」二人は言葉を交わす代わりに、しっかり手を握り合っていた。

吉井や福山にも言葉をかけて労った。

その夜、和泊方役場で盛大な送別会が催されました。会場周辺や船着場は松明を赤々と燃やして、祝福に訪れる人々の顔を明るく照らした。

送別会は島の山田代官以下土持政照の配下の役人・それに島で育てた二十人余の弟子達、これまで西郷に接してきた者は勿論の事、島を挙げての送別会になってしまった。

一同の歓喜の喜びとは別に政照親子には複雑な思いがあった。召喚を喜ぶ反面で「別れ」があるのである。西郷は弟従道に向かって、この政照母子には大変お世話になった、お前からもよくお礼を言ってくれ、と強調していました。兄弟の契りまで交わした西郷を島から送り出す気持ちは、傍からは判るものではない。西郷は別れに際して政照の両手を握り、

「おまんさアに受けたご恩は決して忘れもさんど、いずれお礼の出来る時節も来もそ、それまで私の心持ちをおくみやったもし」

西郷は涙を溜めた目で政照に向かい懐から紙を取り出して、次の詩を書いて渡した

離別如夢又如雲　　離別は夢の如く　　又雲の如し
欲去還来涙紘云　　去らむと欲して　　還り来って涙する
獄裡仁恩謝無語　　獄裡のご恩謝するに　　言葉無く
遠凌波浪痩恩君　　遠く波浪を凌いで　　痩せて君を思わん

西郷いよいよ出発が迫り、政照は西郷に一振りの太刀を差し出した。

この太刀は任期を終えて鹿児島へ帰った先の役人高田平次郎が、もし西郷がご赦免になって

帰還する時が来て、丸腰では困るであろうから、その時が来たら西郷に渡して欲しいと依頼されていたものであった。高田役人はよく西郷の所へ顔を出して、お世話もしてくれた人物であった。西郷は高田の真意を聞かされ、感謝し太刀を拝受しております。

後に西郷は高田に次の詩を送っています。

君によって　英雄の気を識取し
斬賊の勇肝　百倍加わる
遺策恵投の　三尺の剣
血戦千にあたらば　乱麻の如し

余談になるが、この高田平次郎のご子息の高田利貞少将閣下が、太平洋戦争奄美群島の司令官として、徳之島特攻隊基地の守備、並びに奄美全域の司令長官として徳之島へ赴任しておられます。西郷が徳之島岡前に居た頃、聖なる山とされていた「大和城山」に登っては四方を望見し、瞑想に耽っていた山に、徳之島司令部は築かれて、高田少将閣下は奄美全域の指揮を執っていました。

高田少将閣下は尾花三白栗毛の駿馬に跨り特攻隊基地の飛行場や集落をよく巡回していて、筆者などは神様のような眼差しで仰ぎ見ていた者である。西郷が愛した大和城山に司令部を築き、西郷が眺めた景色を高田少将閣下も見続けていたのだ。この高田少将閣下の父上が同じ奄美群島沖永良部島で西郷に出会い、太刀を残して帰藩していた事は、余程高田親子にとっては、奄美にご縁の深いお方であったのだと感銘深く思います。

余談の続きになりますが、徳之島には鹿児島知覧・万世・鹿屋基地などの前線基地として、特攻隊の空港が出来たために、沖縄からも近い事もあり連日のように猛爆の被害を受けます。昼間弾痕だらけになった滑走路を、夜間に修復して明日の出撃に備えるのですが、夜間にも空襲を受けるようになり、高田少将率いる連隊の将兵をはじめ一般住民も動員して「欲しがりません勝つまでは、鬼畜米英何するものぞ」と叫びながら、惨めな悲しい終戦を迎えます。

人生には不思議なご縁があるものです。終戦処理をした高田少将閣下が、奄美は占領されたのではないから日本に返すべきだと活動して、沖縄に先だち十年も早く本土復帰を果たしております。閣下が徳之島を去るに際して、愛馬の尾花三白栗毛の憧れの駿馬を筆者の父が払い下げを受け、我が家の庭に連れてきた。夢ではないかとはしゃいだものです。時に筆者は小学校六年生。自慢の馬に跨り村中を闊歩して自慢したものです。

さて、西郷が沖永良部島から召喚の使者に伴われて、送別会の終了した夜半に沖に停泊していた胡蝶丸へと乗船致します。

土持政照にはこの二年間で西郷から聖賢の教えを受け、兄弟の契りまで交わした。船出の時刻が迫るにつれて、肉親との別れ以上の寂しい悲しさが、こみ上げてくるのでした。目出度く召喚されて島を離れる事を何よりも喜ばねばならないはずであったのに。

船は夜半に碇を上げて、汽笛を鳴らして舳先を北へと遠ざかって行きました。政照は、母の肩を抱きながら、船陰の消えるまで渚に立ち尽くした。懐から西郷に貰った詩を書いた巻紙を取り出して読み返してみた。兄弟の契りの記念に貰ったものである。

平素眼前皆平らかならず
情の相適する事情と異なり
安を偸み義に悖るは仇寇の如し
欲を禁じ忠を効すには死生を共にす
我君に許し　君也我に許し
弟兄を称し　弟を却って兄と称する
従来の交誼　知る何事ぞ
国に報いるに　身を輸して至誠を尽くす

西郷は奄美大島龍郷で約三年、徳之島と沖永良部島で約二年、前後三度の島流しの五年間を奄美群島の三つの島で暮らした。最後の沖永良部島では、格子で囲まれた入牢の試練を受けた。

その間、西郷は常に島民の暮らしぶりに目を向け、過酷で不当な圧政に苦しんでいるのは、藩吏の無法な苛政にあることを知り、己の苦境・逆境・不遇をも顧みず、島民を圧迫から救ってやったのだ。大島・徳之島での糖業政策の改善・改革、沖永良部島に於ける社倉創設の提唱等が挙げられます。尚、西郷は鹿児島に帰り着くなり、直ちに大島諸島の砂糖買い付けの改善について、藩庁に上申書を提出しているのです。彼が如何に奄美大島諸島の島民の事を、気にかけていたかが覗える一場面です。

元治元年三月四日、西郷は沖永良部島の政照にお礼の手紙を出しています。

「一筆申し上げます。いよいよ御安泰で御勤務のはず、お喜び申しあげます。私儀も故障なく先月二十六日帰着致しましたから御安心下さい。さてその地に在りました時は、いつも御丁寧にしていただき、とりわけありがたくお礼申し上げます。御地での様子を家内の者どもへも、くわしく聞かせましたところ、皆々大喜びであります。家内たちよりも、厚くお礼申し上げてくれとのことです。御地を出航してから大島龍郷に翌九つ時分安着し、皆大喜びで、蘇生の思いがいたしました。ご推察下さい。四日間の滞在でしたが、愚妻の悦び、情義において、御憐察ください。かくて二十六日出帆いたし、喜界島に寄港し、二十八日安着しましたが、親類の悦びお察し下さい。今日出帆して上京しますが、雨天にて山川港へ滞船致しましたので、簡略ながらお礼申し上げます。」

話が前後しましたが、西郷を乗せた胡蝶丸は一路大島龍郷へと向かいました。

船は翌日龍郷に着きました。二年ぶりの龍郷です。思えば徳之島で折角会えたのに、沖永良部島への遠島命令書の紙切れ一枚で、生木を裂く如くに離別して以来一年八ヵ月ぶりの、親子再会が叶ったのです。菊次郎は満四歳、菊子は数え歳三つになっていました。

女の手一つで健やかに育っている子どもを眺め、愛加那の苦労を思えば、西郷は自分の苦節を忘れて、愛加那の労を讃え感謝するのでした。

愛加那の悦びもまた例えようもありません。歓迎に訪れる人に囲まれて、西郷と共に蘇生した思いであった。お互い思いあってさえいたら、早かれ遅かれ、きっとまた会えるものである、と民謡にも歌われている。久しぶりの親子対面ではあったが、龍郷での逗留は僅か四日間という短い間でしかなかったのです。西郷は請われて天下の大舞台へと向かう定めがあった。

西郷は龍郷に別れを告げ、その後胡蝶丸は村田新八のいる喜界島へと向かいました。

久光公の召喚状は西郷隆盛だけに出されたものであり、村田新八をどうしても連れて行くと主張する西郷の説得に負けて、船は喜界島へと回送されたのです。上京して活動するには、どうしても村田の協力が必要である。もし殿のお怒りを蒙るのであれば村田と共に流罪・打ち首になろうともかまわない。全責任は西郷が取るから船を喜界島へ回してくれ、と強引に主張して譲らなかったのです。維新の大偉業を成し遂げるにはどうしても村田の助力・協力が不可欠だと西郷は心にきめているようでした。西郷のこうした思いに報いるべく、村田も常に西郷の側近として城山の露と消えるまで、行動を共にして行くのです。西郷が上京して、明治維新の歯車は読者もよくご存じの通り、轟音を挙げて突き進んでまいります。ここではその事には触れずに、世間にあまりよく知られていないエピソートを述べ、ご参考にして頂く事にします。

明治維新の大偉業が成り、西郷は陸軍大将・近衛都督兼参謀として中央の信望を一身に集めていた頃、沖永良部島から土持政照が上京して、西郷に面談いたします。

丁度征韓論が勃発する直前の再会でした。西郷は土持政照の島での厚意は片時も忘れる事は無かったのです。

土持が青山の西郷邸を訪れ、祝意を述べると、西郷は姿勢を正し涙を流し次のように語った。

「維新の大業はすべて、天下の尊王志士の心血の賜物であって、自分の微力はいささかも加わっていない、しかしながら、もしもこの偉業にして、自分の及ばぬ力もその幾分に加わっているとしたならば、これは決して自分の手柄ではなく、みな足下の功績である。

自分が往年入牢中、足下が監視の役目を忘れ、生死を賭して、重罪人たる自分を庇護された真情は、夢の間も忘れることは出来ないところである。もしもあの当時、沖永良部に足下が居なかったら、自分は空しく牢屋の露と消えたであろう。自分が今日の地位を得たのは全く、足下のお陰である」

この一文を見れば、如何に西郷が土持政照に恩義を感じていた事か、また、運命の出会いであったかが分かります。

西郷は後年に沖永良部島の獄中生活を詠っています。

世上毀誉軽似塵　　世上の毀誉　軽きこと塵に似たり
眼前百事偽耶真　　眼前の百事　偽りか真か
追思孤島幽因楽　　追思すれば　孤島幽囚の楽
不在今人在古人　　今人にあらずして　古人にありき

沖永良部島での西郷と土持政照の出会いと比べたら、徳之島での西郷と仲為・仲祐の出会いは文献も少なくあまり知られていない。しかしながら、仲祐は西郷を慕って鹿児島へ出てきて、憧れの京都へと西郷、小松家老の供をして上洛します。体型が西郷隆盛と似ていた事で、新撰組の刃に西郷隆盛と間違われ刺殺されて京洛の露と消えているのです。

西郷はお世話になった徳之島岡前の、惣横目仲為の大事な跡取り息子、島で寝食を供に暮らした可愛い子分を、自分の身代わりで殺された事を悔やみ、大粒の涙を流しながら墓標を書いて、京都相国寺林光院の墓地に葬っています。征韓論に敗れて鹿児島へ帰り、西郷家の墓所にも仲祐の墓を家族と肩を並べて建てています。仲祐の故郷徳之島岡前にも、墓を建てる資金を送って建てております。世界の偉人、西郷隆盛にお墓を三つも建てて貰っているのです。これもまた尋常でないものです。次に西郷隆盛と徳之島の仲祐の関係をご紹介します。

京都相国寺の徳嶋仲祐の墓

京都駅で地下鉄烏丸線に乗り換え、今出川駅を降りて地上へ出ると、今出川通りに出る。交差点の南角は京都御所、北角が同志社大学である。同志社大学の敷地が御所の警護に当たっていた元薩摩藩の屋敷跡です。御所の北面にある今出川御門の真向かいが相国寺で、隣り合わせて「林光院」がある。この林光院が薩摩藩の志士達、薩摩義士を祭っている菩提寺なのだ。お墓の中央に忠魂碑が聳えています。

西暦一八六八年の鳥羽伏見の戦い、続く戊申戦争で犠牲になった薩摩武士を顕彰して建てられた忠魂碑である。忠魂碑の周囲に、犠牲になった志士たちの芳名が刻されている。

この忠魂碑の奥に維新の偉業を待たずして犠牲になった百十八名のお墓が立ち並んでいます。殆どの墓石は風化して、剥げ落ちるもの壊れるものが目に付き、痛ましい限りである。そのような墓石の中ほどに「西郷吉之助家来・徳嶋仲祐の墓」が一際目だって注意を引きます。

墓石の四方に彫られた字もはっきりと判読出来ます。墓石の字は西郷の自筆によるものだ。

没年　一八六六年十二月二十五日　　永代供養　一千疋　寺納した、と在ります。察するに大島紬だとすれば，時価三億円にもなる破格の寺納である。

徳之島から西郷に憧れ、京都に憧れて出てきた仲祐は、薩摩屋敷を中心にして西郷の身の回りのお世話をしたり、各藩や朝廷方への使い走りをやっていたらしい。丁度、西郷が大阪のイギリス領事館へアーネスト・サトウを訪ね、やがて起こるであろう動乱の治安について、交渉に出かけていた留守の間に悲劇は起こります。

その頃、京都の浪士狩りに躍起となっていた新撰組は、密かに「西郷斬るべし」のゴーサインを出していた。近藤勇は秘密裏に土方歳三に命じていたらしいのです。

写真があるわけでなし、似顔絵すらないのだから、丸顔とか、四角顔とか、そろばん顔等と称して浪士狩りの区別をしていたと聞きます。

西郷は相撲取りのような大男にして、「南国特有の風貌」として捜索の対象にされたのでしょう。仲祐も西郷と相撲の相手をするほどの、大柄で南国特有の個性を持っていたのです。

この共有した特徴が禍し、沖祐は西郷と間違われ身代わりで京洛の露として世を去ります。

京洛の十二月は日暮れも早い。仲祐が西郷の使いで諸侯の所へ出向いての帰り、待ち伏せしていた新撰組に取り囲まれて、凶刃の一撃で倒れます。土方歳三の刀でやられたのです。

倒れた仲祐は西郷の身代わりとなって敢え無く二十一歳の生涯を閉じました。

土方歳三は仲祐を検死して、西郷ではなく人違いであった事が分かり、その失敗を近藤に報告したのでしょう。新撰組はこの事態を秘密にして無関係を装う事にした、との後日談がある。

西郷は大阪でこの悲報を聞き早馬で京都へ引き返しております。状況証拠からして、新撰組の仕業である事をすぐさま察知します。先に、親友坂本竜馬がやられ、今愛弟子の仲祐がやられたのだ。西郷の復讐心は如何ばかりか、計り知れないものがあったに違いない。

後に西郷に追われて関東へ落ちていく近藤勇が、その怨念に怯えていたと語っています。西郷は、徳之島で一方ならぬお世話になった恩人、惣横目仲為の大事な跡取り息子を殺されてしまった自責にさいなまれます。こんな事になるのであれば連れてくるのではなかった、と悔やまれます。僅か二ヵ月余りの出会いであったが、何故か気の会う二人でした。二人が余りにも仲がいいので傍の者がひどい嫉妬の目を向ける事さえあったようだ。

徳之島でも仲祐の真の死因がはっきりせずに、つい最近まで「病死」「戦死」「嫉妬で仲間に毒殺された」等と言われているほどだ。新撰組の土方歳三に、西郷と間違われて身代わりとして殺された事実が判明したのは、つい最近である。新撰組研究者の資料によって真相は解明したのだ。林光院の仲祐の墓の字は西郷が大粒の涙を流しながら書いたものだと聞く。

莫大な永代供養を寺納しているのも異常ですが、仲祐に二字姓を贈っている事が注目されます。当時、薩摩藩は奄美の島民には二字姓を名乗る事を禁じており、薩摩の武士との区別をしております。従って、仲祐の父親も「琉」姓一字です。奄美の島民は全て一字姓でした。

「徳嶋仲祐」これは、西郷が薩摩藩の掟を破り、奄美人に独断で二字姓を贈った最初にして一人だけと言う破格の扱いです。又、「西郷吉之助家来」と明記している事は「侍」にした事を意味します。奄美人で最初に二字姓を許され、初めて武士になった若者が仲祐です。

仲祐の死後四日目の十二月二十九日、西郷は鹿児島の自宅に留守居している川口量次郎宛に、仲祐の遺髪と書簡を送っています。川口は西郷が沖永良部島で服役中に、師匠として交流のあったあの「睡眠先生」「迂闊先生」であり、西郷の実家に住み着いて留守を守っていた人だ。

「前文、中略。最初列れ登り候節　ご存知の通り相留め候得共、強いて罷り登りたしとの事故、島人の事にはこれあり、島土産にも相成るべしとの老婆心却って不幸の事に立ち至り、只列れ登り候不仕合せを怨み繰り返し相考え、返らん事を心苦しく涙に沈み候事に御座候。島許の親共承り候わば愁傷如何ばかりかと、是のみ案労仕り候事に御座候。

この節、髪の毛丈ケは差し下し候に付き、島便の節は万兵衛様へお頼みくだされ、誰ぞ親類の者へ御宛下され候て御遣わし下さるべく候。いずれ道具類は私罷り下さり候節、跡より差遣わし候様取計らうべく候に付き、左様含み下さるべく候。別紙医按相添え差し遣わし候に付き、御受取り下さるべく候。この旨御意を得仕奉り度候。

頓首

十二月二十九日

西郷吉之助

川口量次郎様

文面からも判るように、島から出てきた仲祐を、京都へ連れてきた事を大変後悔しています。しかしまた、西郷は島で話して聞かせた憧れの京都見物を、島への土産話にでもなればと考えてつれてきてしまった。こんな悲しい結果になってしまった事が、悔やまれたのでしょう。

仲祐の至純な心が西郷には心地よく、気心の通じ合う可愛い弟子だと、思っていたに違いありません。京都へ着いてからも、何かと西郷の側近にあって、走り遣い、身の回りのお世話もしたものと推察されます。西郷には大勢の取り巻きや、子弟と称する者がいたのに、仲祐との仲があまりにも良くて、仲間が嫉妬するほどであったようだ。そのためでしょうか、故郷の徳之島での郷土史家の間でも、仲祐の死因の一つが「仲間に毒を盛られて死んだ」等と噂が広まった事実があるくらいです。

死後三日が過ぎて、西郷は島の親元へ遺髪を届ける手紙を、大島の役人に届けてもらうように川口に頼んでいるのです。

この手紙に、はっきりと新撰組に身代わりとして殺されたものだと明記しておけば後世の関係者もいろいろと憶測する必要もなかったのにと思います。しかし、西郷にすれば確証の無いことでもあり、また、自分の身代わりとして殺されてしまった事はやはり少し憚ったものと考えられます。

藩の規則を破り、徳嶋の二字姓を与え吉之助家来である、と侍に取り立てて墓を建てる事で、自責の念を少しは和らげたに違いありません。

林光院の薩摩義士の墓地には百十八名のお墓がある。その中で西郷自ら筆を執って墓碑を書いているのは仲祐のお墓だけです。そして、お寺に莫大な永代供養を寺納しています。

西郷のこだわりがわかります。西郷はまた、後日仲祐の遺品と共に徳之島岡前の仲為の所へも、弔意金を贈りお墓を建てさせています。更には、西郷が征韓論に敗れ、鹿児島へ退いたのを機会に、現在の西鹿児島駅近くの西郷家の墓所に、家族と肩を並べて仲祐のお墓を建てています。世界の偉人、大西郷にお墓を三つも建ててもらった人物が他におりましょうか。

仲祐は「西郷隆盛の身代わり侍」であったからこそ、また、南国の孤島で短い間ではあったが、お互いに寝食を共にし、逆境と悲運のドン底にありし時の、心を許しあえる師弟であったればこそ、仲祐の死を自責の十字架にしていたに違いありません。

歴史に、「もしも」があるとするならば、仲祐も西郷と行動を共にして江戸まで登り、明治維新の功労者に取り立てられる運命が開かれたかも判りません。

ここに一つの逸話を紹介しましょう。

仲為・仲祐と同じ徳之島天城町岡前出身の小林三郎と言う衆議院議員まで勤めた人物がいる。西郷が岡前で子弟を教育していた時、仲祐の友達で後に小林と名乗る少年がいた。

小林三郎は、恐らくこの少年の末裔・子孫であろうと筆者は想像している。

この小林三郎は小石川大塚警察署長・大島郡支庁長を歴任して、後に奄美大島選出の衆議院議員にもなった奄美の誇る人物だ。

彼が十六歳の時、京都警察署に勤務する同郷の村上太郎を尋ねて、京都を案内させた。第一の目的は「仲祐」のお墓捜しであった。

清水寺周辺、今の霊山歴史館の辺りであろうとして隈なく探したが、なかなか見つかりませんでした。彼にはどうしても仲祐のお墓を捜さなければとの、思いがあったのです。

恐らく、島で噂に聞く西郷と仲祐の関係、また、己の御先祖にも関わりのある事でもあり、たまたま関西出張で京都に来ると、その度に東山周辺を探し回わり、大正十二年春には仲祐のお墓の探索を執拗に続ける事にしたのでしょう。

京都御所近く、相国寺林光院の薩摩義士の墓所まではとうとう辿り着く事が出来ずに終わっています。

小林三郎は結局林光院の仲祐の墓に辿り着けず謎を残して過ぎ去りました。

それから数年後、この小林三郎が府中警察署長時代に思いがけない出会いが起こります。

彼の部下に近藤と名乗る者が居た。彼は柔道を得意とする署内の人気者であった。

ある日のこと、小林は近藤宅に招かれて伺います。

この近藤と名乗る部下こそは、あの近藤勇の親族だったのです。小林は近藤の話から逃走中の近藤勇の思い出話を耳にします。近藤勇曰く、新撰組が西郷と間違って「仲祐」を殺してしまった。西郷の身代わりになった侍、仲祐には悪い事をしてしまった。

「俺は今、西郷の弔い合戦、復讐の的にされているのだ。」と嘆息し、すっかり落ち込んでいて可哀想であった。と聞かされます。小林のその時の驚きは如何ばかりであった事でしょうか。近藤勇は西郷の率いる皇軍に追われて、明日をも知れぬ状況の中で、この館にも立ち寄って現状報告をしていたのです。小林三郎はこの時点で仲祐が西郷の身代わり侍として、亡くなっていることを察知するに至っているのだから、その事実を自伝でも書き残してくれたら良かったのにと思います。一部の関係者には知らされていたのかもしれませんが、所詮口伝などは消えてなくなるものです。やはり、記述するか、活字にして残す事の重要性が問われます。

近藤勇が復讐を恐れていたのも道理でしょう。西郷は勤皇の志士、仲間を新撰組に殺戮されています。鹿児島まで西郷を頼って新婚旅行に来てくれた坂本竜馬をやられ、可愛い仲祐まで身代わりとして殺され、彼等多くの弔い合戦、あだ討ちの気概が心中燃え上がっていた事は容易に理解出来ます。

歴史を学ぶ中で、埋没していた史実が解明される事ほど、嬉しい事は無いでしょう。

仲祐のお墓捜しに執念を燃やした小林三郎は、ついに林光院の仲祐のお墓に辿り着くことは出来なかった。しかし、元京都鹿児島県人会の副会長をしていた同郷の某氏によって明るみに出たようだ。京都鹿児島県人会では林光院の薩摩義士のお墓参り、お墓の清掃を行事として行っていた。それがご縁で墓地のなかで一際目を引く「徳嶋仲祐の墓」を発見したようです。同県人・同郷の者としては奇跡的な発見だと、興奮したに違いありません。彼は終戦後、仲祐の資料を抱えて、東山にある霊山歴史館の木村幸比古学芸員の所へ訪れ、詳しく調べて欲しいと依頼しております。

昭和二十一年五月三十一日付け「奄美新聞」に掲載された安藤佳翠の「大西郷と徳之島仲祐」と言う小論文の記事と、それに応えた「琉仲為とその一門」の記事、それは昭和三十九年四月一日付けの小林三郎の記事でした。いずれも古びた新聞記事であったらしい。

霊山歴史館の木村幸比古学芸員は早速に林光院を訪れ、仲祐の墓に接して写真に撮り、御著書「龍馬暗殺の真犯人は誰か」に掲載されたのだ。仲祐の死因が新撰組の土方歳三によるものだと知りえたのも、この一書に出会えたからこそである。

林光院の仲祐のお墓は、現在でも京都鹿児島県人会のご奉仕でお墓参り、清掃が行われております。また、一九九九年の夏には「徳嶋仲祐顕彰会」も設立されて、現在でも命日の十二月二十五日には欠かさず墓参と清掃を行っている。

ところが、肝心の徳之島岡前にある「西郷隆盛公園」の石碑の前に建つ案内説明板には、現在も西郷と仲祐の関係、仲祐の死因は「病死」「戦死」らしいと記した侭である。

筆者は訂正して観光客には真実を伝えるべきだと役場・教育委員会に五年も前から提言しているのだが、一向に改まらない。町長選挙で骨肉の争いを演ずる土地柄です。落選した前町長の事業で出来た公園だから関わりたくないのであろう。と噂を聞くにつけて悲しく空しさを禁じえない。これでは故人も浮かばれません。

わだかまりを捨てて、埋もれていた史実を正確に伝えるのが顕彰碑のあるべき姿だと思うのだが。関係者の善処を心から願って止みません。

犬田布騒動

犬田布騒動《いんたぶそうどう》は、西郷が徳之島から沖永良部島へ流罪になった翌年に、徳之島犬田布集落で起こった百姓一揆のことである。

西郷が島にいた頃には起こらなかった一揆が爆発したのである。

西郷の思想に触れ、苛政に耐え切れず、島の百姓も抵抗する知恵と勇気を持つようになったのかも知れません。元治元年（一八六四年）の春、製糖時期の頃に事件は起こった。

薩摩藩は徳之島の黒糖を、藩の財政建て直しの目玉として扱い、百姓には砂糖キビ生産の他の作物の栽培を、一切禁じて農奴の如き扱い、搾取を続けていた。この実情を知った西郷は、奄美大島龍郷でも、徳之島でも、百姓の窮状を見かねて役人や代官に改善・改革を陳情して、島人を救っている。百姓は自分の畑のキビを齧る事も出来ず、子どもが齧っているのも見つかると、首枷をはめられる圧政がまかり通っていた。ひどいのは、畑のキビの切り株が長すぎるのはけしからぬとして、罰せられるのです。出来上がった砂糖の初物を、仕来りで仏前・神棚に備える事すら許されなかったのです。

役人の見積もりよりも出来高が少ないと、砂糖を抜き取ったのではないかと折檻されます。

「抜糖死罪令」と言う、世にも恐ろしい法律に縛られて、怯えなければなりませんでした。

役人が私腹を肥やすのは世の中にありふれた事、徳之島では薩摩からきている藩の役人もさることながら、その役人のお先棒を担いで、点数稼ぎに躍起になった島人役人、つまりキビ見回り役などという、権力を笠に来た不逞の輩が、無法を働くのだから、百姓はたまったものではありません。西郷が居た頃には流石に手控え気味であったのだが、西郷が沖永良部島へ流されて居なくなって、役人の横暴は復活したことになります。

現在の伊仙町犬田布岬、戦艦大和の慰霊塔のある集落で一揆は勃発しました。

既に七十歳を過ぎた老人の「福重」に砂糖の出来高があまりにも少ない、砂糖を闇に横流ししたに相違ないと嫌疑がかかります。役人の出来高見積りは台風の襲来前のもの、福重の畑は南の海面に面した、潮風の影響を諸に受ける土地柄、台風の被害が甚大である事も役人は薄々ながら判っていたはずなのに、周囲の見せしめとして厳しく追及する事にしたようです。

ところがここで一つの手違いが起こります。手違いと言うよりは、老人の身代わりに娘ナシリの婿「為盛」が老人の身代わりで仮屋に出頭したのです。役人寺師次郎右衛門は身代わりと承知していながら取り調べを開始したのでしょう。

「お前が福重か」と尋問が始まります。

「はい」と為盛は答えてしまいます。

ここで、為盛が正直に福重の代理です。と正直に白状しておれば、寺師役人も少しは手加減したかもしれません。残念ながら事態は感情的に走り最悪の状況となります。

「お前は砂糖を隠したか、何処かへ密売したであろう」

「いいえ、めっそうも有りません、そのような事は誓ってしておりません」

「正直に白状しないと痛い目に会うぞ。どうだ」

「そう申されても困ります」

「ならば仕方が無い、痛い目に会わせてやれ」

寺師役人は配下の者に拷問の準備を命じます。

正座した膝の下に薪を挟みます。その上に碾き臼を乗せるのです。

役人は六尺棒を振り上げて、容赦なく為盛の体に折檻を加えます。為盛は苦しい中でも悲鳴もあげずに無実を訴えます。

「しぶとい奴め」

責める役人の方が根負けしてしまいます。流石の為盛も口と鼻から血を吐いて気絶して碾き臼を抱えて倒れます。

役人の取調べと聞いて村人は仮屋の周囲に集まり、中の様子を覗っておりました。

「役人を打ち殺せ」誰かが大声で叫ぶ、すると群衆が一斉に役人に罵声を浴びせ始めました。

仮屋の内外が騒然として参ります。

武器を持たない百姓です。家にとって帰り、茅葺に使う先の鋭利なインマル棒を持って駆けつける者、ナタ・オノ・鎌・銛・鍬や三叉等それぞれの道具を翳して、仮屋を取り巻いてしまいます。「役人出て行け・役人を打ち殺せ」と叫ぶ群衆の殺気に役人は異常事態を察知し、裏に停めてあった馬に跨り逃走致します。

「悪代官・悪徳役人ども打ち殺せ」

「斯くなる上は役人と徹底して戦うしかない」

村中の者が結束を誓います。こうして役人との睨み合いが続くのです。これが、徳之島で起こった代表的な百姓一揆、「犬田布騒動」である。

役人を相手に臨戦態勢を作り上げた者の中には、「義仙」「義武」の二人は本来なら砂糖方掛と称して、横目格で村の役人であったのに、役人の立場を放棄して一揆に加わったのであった。

現場の仮屋から石を投げられて追い返された寺師役人一行は、時の代官上村笑之丞の所へ駆け込みます。

報告を受けた代官所では異常事態として、全島から横目以上の役人を招集し打開策を協議します。武力鎮圧を執らずに、一応騒動の起こった犬田布集落を包囲して、集結を解いて直ちに抵抗をやめるように説得を始めました。

しかし、団結して意気高揚した百姓の抵抗はなかなかに収まりません。執拗な抵抗が一週間も続きます。その間、上村代官は武力鎮圧を行わず気長に持久戦を講じて説得に努めます。上村代官も西郷より圧政を強行しては百姓が疲弊してしまう。という心得を説教されていたし、西郷の思想・哲学を理解している一人であったのです。辛抱強く抵抗、団結が解かれるのを待ちました。

その甲斐が実り、一週間もすれば百姓の興奮は段々と鎮まり、抵抗の団結も冷めて参ります。結集していた村人達も日を追って一人二人と去ってしまいました。

八日間も頑張った挙句団結抵抗は崩れました。

役人側は首謀者の逮捕に踏み切ります。

お上には問答無用の「抜糖死罪令」と言う宝刀がある。役人の意のままに処分されても仕方がない状況であった。

首謀者の島外逃亡を警戒して、役人は港を封鎖して監視を厳しく見張った。

ところが、殆どの首謀者は舟で島外脱出を成功させているのです。

首謀者の脱出を陰で支えたのは、島で闇の仕置き人、世直し坊主と言われていた「三京坊主」であろう、との説もある。この三京坊主と言う人物は謎に包まれておりますが、薩摩の役人の非道を正し、悪徳役人を仕置きして震え上がらせた正義の坊主であり、役人が躍起になっても逮捕出来ない坊主であった由。或る役人は彼の仕置きを予感して発狂し、死んだとまで噂されていた御仁だ。西郷が在島中は西郷を刺客から守った陰の坊主だと言う一説もある。

折角小船で脱出したのに、嵐にあって島に漂着し逮捕された者もいた。

役人は面子も有ったのでしょうか、全員逮捕出来たと記録し、発表もされている。

記録では

役人格　「義仙」　大島へ遠島処分
　　　　「義武」　沖永良部島へ遠島処分

他には　「義福」　沖永良部島へ遠島処分（義武の従兄弟）
　　　　「義佐美」　沖永良部島へ遠島処分
　　　　「喜美武」　大島へ遠島処分
　　　　「安寿盛」　与論島へ遠島処分
　　　　「安寿珠」　与論島へ遠島処分（安寿盛の十三歳の息子）
　　　　「実静」　捕らえられたが無罪放免
　　　　「為盛」　捕らえられたが無罪放免

全島を揺るがせた大事件。島で始めて起こった由々しき百姓一揆であった割には、寛大な処分である、と観られます。

「抜糖死罪令」と言う天下の宝刀を振りかざして、首謀者を死罪にも出来たはずです。上村代官は悪名高い宝刀を抜く事も無く、温情有る裁きを下している、と観るべきでしょう。島流しの刑も大島へ二人、与論島へ二人、沖永良部島へ三人、仲間になれるように計らっている。特に、与論島へ流罪になった安寿盛と十三歳の息子安寿珠親子への配慮は何か心温まるものさえ感じさせるものだ。

犬田布騒動の首謀者、扇動者は百五十名余りであったようだが、捕らえられたのは九人、実刑の処分を受けたのは僅か七名である。しかし、連帯責任として村人は公共工事、特に沿線の道路工事の普請を申し渡されて罪を償っている。

余談になるが、「福重」の身代わりで拷問を受けた娘婿の「為盛」は記録によれば、その後体調を崩して病弱になり、温泉療養を兼ねて徳之島の西方東シナ海に浮かぶ「鳥島」へ渡り、妻ナシリとの間に八人も子どもを設けて暮らし、明治四十一年八十三歳で没したと言う。

大島へ遠島になった「喜美武」は明治四十四年、八十六歳の長寿で没している。その他の人々については記録がなく公表されていません。末裔・ご子孫の方々がおりましたら、是非情報を教えて戴きたいものです。

犬田布騒動の記念碑は徳之島伊仙町犬田布岬に向かう途中、前泊右手の台地にあります。犠牲になった人々の子孫や親族・縁故者の手によって、百年祭を記念し、昭和三十九年旧暦三月十八日に建立されたものです。

記念碑の裏には次のように刻まれています。

「薩藩の過酷なる砂糖政策の犠牲となり、無実の罪で拷問を受ける為盛救出のため、犬田布農民百五十余名は、元治元年旧三月十八日、悲壮なる団結のもと、仮屋を包囲、役人を追い、戦いの準備を整え、積石し、付近に集結、遂になす所なく解散せるも、その首謀者と目された下記の内六人は明治九年まで十三年間の遠島処分、残りの者は三年の体刑を受け、犬田布・阿権原・鹿浦・阿三間の農道労役を命ぜられた。これが、世に言う犬田布騒動であり、事後徳之島の砂糖取締りは緩和されるに至った。今その当時をしのび、百年祭を挙行するに当たり、茲に記念碑を建て、その挙を思い冥福を祈る」

徳之島は南西諸島の中でも険しい山も少なく、耕地面積が広い事から、現在でも砂糖生産はずば抜けて一番であるが、当時も薩摩藩にとっては、徳之島の黒糖は重要な財政源の一つであった。そのような藩の思惑に対して起こった一揆は藩庁にとっても大きな衝撃を与えたに違いない。その責任を取らされたのでしょう、上村代官は事件後に左遷されております。

上村は事件に対して寛大な処置を施したには違いありません。捕らえた首謀者も七名が遠島処分、後は無罪、労役を申し付けるに留めています。当初、暴動の起こった犬田布集落を包囲した段階では、「抵抗を止めないと、その罪家族はもとより親族一党に及ぶ」と申している。しかしながら御覧の通りの裁きであった。そして、この事件をきっかけにして薩摩の砂糖政策も改善されて行く。尚「抜糖死罪令」はここでも適用される事はなかったのです。

世にも恐ろしい「抜糖死罪令」は薩摩藩の大幅赤字財政建て直しに辣腕を振るった改革者の「調所笑左衛門」が奄美大島五島に適用するものとして、発令されたものでした。

薩摩藩は、徳川幕府から、宝暦の治水工事のお手伝い普請を仰せ付かり、藩の存亡をかけて莫大な借金をして見事難工事を成し遂げます。その結果、大阪商人からは莫大な借金をして、日本一の借金、赤字藩に転落致します。この大阪商人から借金した担保が奄美の黒糖で、この宝暦治水工事以来、奄美の百姓は砂糖キビ生産の地獄の苦しみが始まるのです。

ところが、藩の改革者、調所笑左衛門の強引な改革手法によって薩摩藩は日本一の赤字藩から日本一の黒字藩へと脱皮していき、やがては、徳川を相手に対決出来る雄藩に伸し上がります。その大きな財源をしめたのが奄美の黒砂糖であった事は注目されるべきものであろう。

藩の過酷な圧政の下、塗炭の苦しみに耐えかねて、この犬田布騒動は起こったのです。

宝暦治水工事

西郷が徳之島へ流罪になった経緯、そして、島民の窮状を救って悪徳役人を戒めたことで島民は西郷を救世主の如く崇拝し、大きな感化を受けた。それにも関わらず西郷が島を離れて一年が立ち、犬田布騒動の百姓一揆が勃発している。徳之島の百姓をそこまで追い込んだ背景はやはり「宝暦治水工事《ほうれきちすいこうじ》」にその遠因が在る。ここでは薩摩をそこまで追い込み、奄美の島民を塗炭の苦しみに落とし込んだ、宝暦治水工事を検証してみる必要がある。

奄美大島の島民だけが塗炭の苦しみにあわされたのかと言えば、必ずしもそうではない。藩の命運・存亡を賭けて取り組んだ難工事故に、薩摩藩全所帯、武士も百姓も商人も重税に苦しんだのである。「人頭税」を施行して赤字建て直しを図っているのでした。

薩摩をここまで苦しめた「宝暦治水工事」とは一体どんなものなのか、次に取り上げて見ましょう。宝暦治水工事さえなければ、奄美諸島の百姓も薩摩藩から、過酷な搾取を受ける事も無かったのかもわかりません。

濃尾平野、長島温泉の有る長良川の堤防を上流へ溯ると、樹齢二百四十余年の日向松の植わった松原に出る。俗に千本松原と称している堤防だ。松原の北端に堤防工事で犠牲になった薩摩義士を祭る「治水神社」がある。

地元の人々は毎年春と秋の二回、治水神社祭りを盛大に挙行している。

中部建設局、三重県、愛知県の自治体の首長や代表、鹿児島県の自治体や顕彰会の有志、関東関西、九州の鹿児島県人会からも毎回参加して祭りは盛大を極めるものだ。参加者は地元の人々と共に丸に十の字のハッピを身に纏い「薩摩」一色になって祭りを盛り上げる。

ここは、長良川・木曽川・揖斐川の三大河川の合流する地点である。東の川底が高くて西の川底が低い地形であるために、毎年のように西の平野が洪水の被害にあっていた。川床の高い東側は幕府の直轄領であり、高い堤防で守られていて洪水の被害は無かったようだ。

揖斐川の西に開けた水田地帯は有史以来水害にあっていて、その堤防工事は切実な願いであり、幕府もこの工事を実現しなければならない責務があった。

徳川幕府は薩摩藩の勢力を削ぐため、また浪費をさせる狙い、取り潰しても良い覚悟で、この難工事のお手伝い普請を申し付けます。おかげで薩摩義士は大勢の犠牲と浪費を余儀なくされて工事は完成し、これで水害で苦しんでいた住民は、薩摩様のお陰だと治水神社を建立し、犠牲になった八十五人の義士を祭っているのです。

この難工事を徳川幕府が薩摩藩に申し付けたのは、幕府の外様大名虐め、勢力を削ぐための狙いがあったわけで、幕府は陰で妨害はするし、地元の百姓には薩摩の侍・工事人夫には食料も売るな、手伝いもするなとお触れを出しているくらいであった。しかし、住民の中には、幕府の役人に隠れて、密かに援助の手を差し伸べる者が多かったようです。それもそのはず、被害を蒙っている農民のために難儀している薩摩の義士達を、心の中では誰も応援し支援するのは当然の事です。

様々な妨害にも屈せずに河川の仕切り工事をやり遂げて一夜明けると、朝にはすっかり流されております。そんな事が続いて不審に思い、工事責任者が現場の物陰に隠れて見張りをしていると、予想していた通り、幕府の役人が人夫を連れて現れ、築いたばかりの仕切り堤防を壊しております。見張りの二人は飛び掛って、一刀のもとに切り捨ててやりたい衝動をじっと抑えます。工事奉行の平田家老から、例えどんな事が起ころうとも、絶対に刀を抜いてはならない。刀を抜いて役人に逆らえば、薩摩藩の取り潰しの口実になると、きつい厳命があった。

二人は抜くに抜けない腰の刀に手を掛けたものの、家老の命令に背いて藩の存亡に関わる事はしてならない、と興奮を抑えます。しかし、義憤は収まらず、遂に二人は無言の抗議の道を選びます。取り壊された堤防を前にして刺し違えて自害いたしました。

二人が最初の犠牲者となりました。

各工事現場で二人と同じように自害して無言の抗議で自殺する者、実に五十一人にも及んだのです。最初に自決して果てた、二人の死に場所に植えられた日向松が、何故か二股になって成長し、現地ではこの松を義憤慷慨の松と名付けているそうです。

平田奉行は自害して果てた犠牲者を、「腰のものによる怪我」であると役人に届けました。度重なる犠牲者の続出に対して、決して自害して果てたとは報告していないのです。この徹底した忍従の気概が幕府要人にも通じたのでしょう、幕府役人による妨害はなくなって、以後工事は順調に進みます。

ところが、今度は栄養失調と疲労が重なって疫病が蔓延します。病死する者三十三名、合わせてなんと八十四名の犠牲者を出しています。

工事が完成し、検査も合格します。

「流石は薩摩藩、立派な堤防が出来ました」と幕府からお褒めの言葉を貰います。

一切の整理を済ませ、国元の殿へ遺書を残し、平田工事奉行も帰還の朝、切腹して果てて居ますから、この工事全体では八十五名の犠牲者を出した事になります。

赤穂浪士は四十七人、薩摩義士は八十五人、忠臣蔵の物語の倍のエピソードがあって、千本松原は今も語り告がれているのです。

自決して死ぬ事で抗議することすら許されない、人権、自由の奪われたこの難工事を薩摩藩が引き受けねばならないところまでの経緯も、これまた凄まじいものがあった。

宝暦の頃（一七五三年）の薩摩藩は既に大幅な赤字財政であり、大阪商人から五十万両余りの借金をしていた。

そんな折に治水工事のお手伝い普請が舞い込んだのである。歳若き藩主重年公は家老・重臣を集めて論議いたします。

「薩摩藩を取り潰す幕府の計略に他ならない。斯くなる上は城を枕に幕府と一戦交えるしかない。薩摩武士の根性を発揮しようではないか」一同の合意・意見は決死の覚悟であった。

その時、平田家老が徐《おもむろ》に提案します。

「皆の者が決死の覚悟である事は判りました。ならば、その決死の覚悟で、工事をお引き受け致しては如何であろうか。死ぬ覚悟であれば出来ぬことは無いはずだ。我らが決死の覚悟でこの工事を成し遂げれば、毎年水害で苦しんでいる濃尾の方々、多くの百姓が救われます。そして我が藩も救われます。この道しか無いと考えるのだが」

若殿を始め居並ぶ重臣達も平田家老のこの提案に諸手を挙げて全員賛同致しました。

工事には三十万両ほどの予算が必要であった。現在でも五十万両の借金がある。

平田家老は提案責任者として工事奉行を引き受けねばならなくなりました。一番の難問は資金の調達であった。平田家老にすれば幕府と一戦交えて死んだほうが楽であったかも知れません。大阪商人に借金を申し入れますが、予想通り無碍《むげ》に断られます。家老自ら、美濃へ向かう途中大阪商人の所へ頭を下げて回ります。

「今既に莫大な借金をしていて、この上の借金とは言語道断である。」と罵倒されます。

平田は諦めるわけには行きません。

「今、薩摩を救って下さらなければ、薩摩は潰れます。潰れてしまえば借金も返せなくなります。此処で薩摩藩を救って下さる事は、美濃の苦しんでいる民を救う事にもなります。どうか考え直して下さい。」と懇願致しました。

平田家老の論法は大阪商人の頑《かたく》なな心を動かして、融資の承諾を得るのです。

さて、この借金の担保が問題となります。流石は大阪商人です。薩摩藩の黒砂糖の権益一切を担保として抑えたのです。つまり、当時薩摩藩が奄美大島の特産品黒砂糖で財政を支えている事は、大阪商人にも良く判っていたのです。奄美大島五島から取れる砂糖を、担保にした商人魂も天晴れと言うことでしょう。

当時の黒砂糖は全国で「薬糖」として貴重な品であったのでしょう。日本の国土で黒砂糖が生産されるのは奄美大島しかなかったのです。

薩摩藩はこの時点から奄美大島五島に砂糖キビ増産の政策を進めて行き、「抜糖死罪令」と言う世にも恐ろしい圧政を展開して、島の民百姓を農奴にして行くのです。

大阪商人からの借金の目途がついた平田家老・工事奉行は藩から五百六十人の人員を与えら

れます。それに、家来三百八十名を加え、総勢約一千人の工事部隊を引き連れて美濃の国へと向かったのです。

刀を持つ手をスコップ・ツルハシに変え、モッコを担ぐ重労働が続きます。

資材の購入・人夫の労賃・食料の調達に資金は湯水の如く消えて行きます。幕府の妨害がひどくて、何事によらず苦渋の連続となります。資材の調達、食料の調達も幕府役人の手の付けられていない、遠方から取り寄せる難儀をします。

昼間の重労働に一汁一菜の粗食、疲労困憊した肉体。決死の覚悟で臨んだはずであっても、あまりにも酷い幕府役人の妨害・嫌がらせは目に余るものがあった。

「どんな事があっても刀を抜いてはならない」と言う家老の厳重な戒めが無ければ、幕府の役人は示現流の刃で片っ端から切り倒されたであろう。しかし、そればかりは出来ないのだ。いくら義憤慷慨しても最早道はなし、自害して無言の抵抗を選ぶしかない。悲壮な思いで次々と自害者が続出したのです。

疫病死した者も合わせて、更に工事奉行平田家老も自害していますから総計八十五人もの犠牲者を出しながら、この悲劇の真相はあまり世間に公表されていません。薩摩藩でも一部の重臣や若殿は真相を知っていたはずですが、幕府を慮ってか大きく取り上げなかったものらしい。血の気の多い薩摩隼人の諸々が、真相を知ってしまえば恐らく蜂起して混乱が起こる、平穏には収まらないと考えたのでしょう。

薩摩から鹿児島になる、明治維新を経て徳川が滅んでから、宝暦治水工事の真相は先ずは美濃の国で「薩摩義士」の史実が取り上げられて、日の目を見たものらしい。

現在でも、鹿児島の地元よりも美濃地方で「薩摩義士祭り」を盛大に挙行して、薩摩様に感謝の顕彰を続けている。平田家老の名前を冠した「平田町」が存在するくらいだ。平田町は平成十七年三月二十八日に海津町、南濃町の三町で合併して、現在海津市となっている。

町の名にまでなった平田家老の最後も凄い。

平田家老は工事完成を幕府の責任者に報告して、お褒めの言葉を聴き宿へ帰ります。

薩摩から遥々見知らぬ美濃の国まで来て、艱難辛苦・苦渋の限りを堪え凌いで、念願の目的は達成された。その代償は莫大であった。自害・疫病で仲間を八十四人も失った。三十万両の当初予算は四十万両に達してしまった。薩摩はこの後、重税に苦しむ事は明白である。

彼は、苦渋を共にして来た家来の帰郷を手配し、凱旋気分では帰郷できない仲間の心中も察していたであろう。大事な家来・薩摩武士を失い、予想以上の浪費をした事を若殿重年公に詫びて遺書を書いた。

そして、工事奉行平田家老は白衣に身を包み見事に薩摩武士として割腹自決したのです。

明日には故郷へと旅立つ家来が寝静まった夜中に、家老の部屋の明かりだけが鮮血を照らして明け方まで灯っていた。

あれほどに、絶対に刀を抜いてはならぬ、と厳命していた平田家老である。辛苦を共にした者もまさかそんなことが起ころうとは微塵も思い及ばなかったのでしょう。

帰郷の嬉しさで早朝に目覚めた側役が、家老の部屋の異変に気づき仰天致します。

部屋は鮮血に濡れ、家老は白衣を真っ赤に染めてうつ伏している。机には四、五通の遺書、工事収支報告書などがきちんと置かれていた。藩主の重年公宛ての遺書が、覚悟の叫びを放っているように見えた。お側役はしまった、不覚であった、と自責の念に襲われますが、事は極秘に処理しなければならない。幕府の役人に気づかれては一大事である。仲間を呼び起こして善後策を講じました。悲しみ、驚いてぐずぐずしては居れないのです。

早速に部屋の鮮血は洗い流されて、痕跡を消し、家老の亡骸は幾重にも晒しに巻かれて駕籠に乗せられ船着場へと急ぎます。船で桑名の「海蔵寺」へと運ばれ、雲峰珍龍和尚の手によって丁重な回向が手向けられます。このお寺は薩摩義士の犠牲者を、これまでも幕府に憚ることなく進んで引き受けてお墓を建て供養している、薩摩贔屓のお寺でした。

平田家老の亡骸は海蔵寺から陸路京都へと運ばれ、薩摩藩の菩提寺である「大黒寺」に埋葬されます。平田家老のお墓は美濃を遠く離れた京都大黒寺にあるのです。

徳川幕府の役人にはこの事件は露見することなく、薩摩藩もじっと忍従して時を過ごしたわけであります。

幕府の外様大名虐め、莫大な赤字財政の中での不自由な参勤交代、年若い重年公二十七歳も平田家老を失い、過労、心労が重なり、平田家老の後を追うようにして翌年に他界します。

今に残る「千本松原」は、平田家老が工事の完成を記念して、薩摩から「日向松」の苗木を取り寄せて植樹したものです。

宝暦の頃に築かれた堤防は日向松を生長させ、幾年月の間の洪水にも決壊することなく今日も尚美濃の民を守っているのです。

今は亡き元海津町の伊藤町長は「薩摩義士」の語り部でもありました。

筆者は鹿児島県人会の講師として、伊藤町長に大阪までおいで戴いて講演を拝聴した事がある。哀歓を込めて語られる「語り部」の口調が今でも耳に残る。集まった聴衆は皆涙を流し、ハンカチを手にして誰しも顔を拭く恥じらいも無く夢中になったものです。

「薩摩義士のご苦労は勿論ですが、これを支えて砂糖生産に励まれた奄美の皆さんには足を向けて寝るわけにはまいらない」

語り部のこの一言を聞いた時、我々奄美人の御先祖のご苦労も報われたのだと、感慨深いものがあった。犬田布騒動も、こうした宝暦治水工事からの大きな流れの中で起こるべくして起こったのだと考えられる。関心のある方は是非千本松原を散策し、神社にご参拝して頂きたい。

薩摩藩の借金表

元和二年（一六一六年）	・・・・・・	二万両
寛永九年（一六三二年）	・・・・・・	十四万両
同十七年（一六四〇年）	・・・・・・	三十四万両
寛延二年（一七四九年）	・・・・・・	五十六万両
宝暦四年（一七五四年）	・・・・・・	六十六万両
享和元年（一八〇一年）	・・・・・・	百十七万両
文化四年（一八〇七年）	・・・・・・	百二十六万両
文政十年（一八二七年）	・・・・・・	五百万両

薩摩藩は宝暦四年以来借金が増大して、日本一の借金藩に転落します。この借金地獄を建て直したのが大改革者「調所笑左衛門」でした。彼の手法の一つは借金の返済を二百五十年払いにした事。徹底した倹約と増税、合理化でした。彼の豪腕によって、薩摩藩は赤字を解消し、日本一の黒字藩となり、明治維新をリードできる雄藩となったのだ。

徳之島の伝説・民謡

琉球国に属していた徳之島も薩摩の琉球侵攻の戦利品として、薩摩に支配されるようになり、それ以来現代でも鹿児島県である。

薩摩は徳之島の文化・風俗を琉球から切り離して薩摩流にするべく、家系図を没収し、古文書まで焼き払ったと聞かされている。そして薩摩の植民地として圧政を強いられてきた事は紛れもない事実である。ところが、徳之島の文化はいまだに「蛇味線文化」である。

権力者が如何に変えようと試みても、住民の心の中に流れる仕来りや、風習・思想まで改革する事は、なかなか出来ないものなのであることが証明されている。

徳之島は特に不思議な島である。と或る民謡研究家がＮＨＫ鹿児島放送局編「徳之島の民謡」の放送で述べている。

「音楽文化の面では、徳之島はすり鉢の底にあたる。専門的に言うと、徳之島は日本旋法の南限である。琉球旋法の圏内に属する隣の沖永良部島以南とは、はっきり一線を引いているのだ。不思議な島だと言うのは、徳之島が言語といい生活様式といい、全く琉球と同じブロックにありながら、民謡の音の仕組み（旋法・音階）だけは頑固に琉球の支配を拒んでいる。つまり、この島から北には琉球旋法が一歩も入りこめなかった、という事だ」

今、徳之島の民謡の持つ特徴を挙げるとするならば、一番に「斉唱歌」の多いこと。二番目は「田植え歌」である。これは、郷土歴史家の松山光秀氏の持論でもある。斉唱歌は男性群と女性群の掛け合いによるものであり、日本古代の「歌垣」を彷彿とさせる。島にある儀礼歌は殆ど斉唱歌である。と松山氏はその著書「徳之島の民族」の中で述べている。

また、田植え歌は他の島々では殆どみられないものであり、豊作を願う島独特の文化に根ざしたものと言える。ところがである。

現代では、換金作物の筆頭として砂糖キビ栽培が盛んになり、田園風景も山田も悉くブルドーザーで切り開かれ、キビ畑に変貌している。田植え歌を歌っていた昔を偲ぶのも困難になっている。現代の子どもは田圃を見る事が無く、田植え、稲刈りはおろか「稲」を知らない子どもが増えている。薩摩藩による強制とは自由の差こそあれ、砂糖キビ一色の島となっているのだ。

不思議な島のもう一つは、薩摩藩も盛んに奨励したのにも関わらず、仏教が定着しない島である事でしょう。何故であろうかと考えてみると、この島には太古の昔から「祖霊信仰」「稲作文化」「神仙思想」が底流にあったからであろう。

徳之島天城町の町史の中にも編集者小林氏は次のように記している。

興味深いものであり紹介します。

「大昔、この山にアメンキューと言う夫婦神が天孫降臨（アモリ）して来た。四方を眺めると、海原続きで波が立ち騒ぎ、北風が吹きつけてしずくが多く、とても家をつくることが出来なかったので、島の真ん中へ行こうと歩きだした。七つの山を越えてフーグスクと言う山についた。北風も吹かず、雨の気もなくいい所だったので、その山陰のカンミョウに住み着いた」

ここにいう、この山とは現在の天城岳・寝姿山のことである。島の古老の話でもアモリした山と言い伝えられている。アモリテとは、おいでになって、との意味でもあります。

琉球文化圏では一様に、海の彼方の浄土から稲穂をもたらしてくれた神様「ニライ・カナイ」の伝承が多い。徳之島での天孫降臨の山は天城岳であり、方言ではアミキウデと言う。

南九州から沖縄に掛けて天孫降臨の伝説を見ると

沖縄では　アマミキヨ夫婦神が　天城（アマグスク）に降臨

奄美大島では　アマミコ夫婦神が　ユワン岳に降臨

日向では　イザナギ・イザナミ夫婦神が　高天が原に降臨となるのだ。

いずれも共通して言えるのは、水田稲作の神様である事です。日向の天孫降臨説は日本の歴史書記紀に明記されているから、普く知られている。しかし、文字も無く記録する術すらない南島の神話は、古老の口伝としてその地に根付き、子々孫々語り継がれてきているのです。

山の名前、地名、そこに暮らす人々の風習、仕来り、言語、文化には古代の謎を解く鍵が隠されているのではないだろうか。

前出のフーグスク、カンミョウと称されている地名は天城町阿布木名集落に現存している。徳之島に稲穂をもたらした夫婦神はイザナギ・イザナミ即ち徐福夫妻であろうと推測したい。それは、紀元前二千二百年も昔に、我が国に水田稲作を持ち込んだのは、徐福集団だからです。

秦の始皇帝の不老長寿願望を巧みに利用して、始皇帝に莫大な資金を出させ、中国から脱出する願望を、見事成功させたのが徐福です。戦乱と圧政、中国の将来に見切りをつけて平和な蓬莱の国日本を目指し、水田稲作、製鉄を始めあらゆる産業の技術者を引き連れてやってきた。徐福は「弥生の使者」とも言われております。

徳之島に徐福が稲穂をもたらし、水田稲作を普及させたものと仮定しますと、古老が語り伝えてくれたニナイカナイの神話も謎が解けてまいります。

徳之島には「神の田」と称して、田植えをする時は村人がこの田に集まり、田植え歌を歌って田植えを行い、それから自分の田圃の田植えをしたものらしい。つまり、これは、徐福が田植えの指導をしたモデルの田、神聖な田となったものであろう。

その田を「神田＝かみた」「祝田＝ゆえた」「贈田＝たもいた」と言い、各地にある。神の田を管理する役職にあった家系が神田姓を名乗ったものと思われる。因みに神田姓は徳之島では天城町天城にしか居ない。

徐福集団が原住民に水田稲作を指導育成して、それを普及させるには、少なくとも稲の収穫と、その食べ方までも教えなければ伝播されるものではない。従って最低一年以上留まって指導する必要があったでしょう。徳之島天城町の秋利神川の南岸の戸森の森の中に、二千年以上昔に線刻されたものと思われる「線刻画」がある。いろいろな学説、年代の推定がなされているのだが、花崗岩の硬い石に絵柄を線刻できる民族が島に居たとするならば、消去法を用いるまでも無く、製鉄の技術者、石工、など伴って渡来してきた、徐福集団を置いて他には考えられない。絵柄自体が「鯨」「古代構造船」「銛」「連ど」等を描いているが、これ等は全て徐福集団に関わり深いものであり、中でも「連ど」と言う連弓は、秦の始皇帝の頃に使われていた代表的な武器である。その弓を用いて鯨を撃っているのは、正しく徐福集団の鯨の射手兵士に相違ない。このように見てまいりますと、古老が祖霊まします聖なる山から、稲穂の神様がアモリて来られて村が栄えたのも、真実味が持てる話になってくる。

島で一番高い山が「井之川岳＝六百四十五メートル」だが、この山の昔の呼び名は稲穂岳である。また、島尻の中央に聳えている「犬田布岳＝四百十七メートル」も稲田袋岳と古人は呼んでいたものだそうだ。島と稲との深い繋がりがこの事からも歴然としてくる。

徳之島は弥生時代の初頭に、水田稲作が普及していたことが頷けるというものだ。

聖徳太子が小野妹子を遣隋使として中国隋に派遣していた頃、正確には推古天皇（六一六年）の頃に南島（徳之島だと思う）から、遥々大和朝廷へ招かれて朝貢した記録がある。

徳之島を中心にした奄美諸島の海人は、紀元前の太古から「宝貝」を船に積み込み、遥々中国と交易をしていた。彼等のもたらす「宝貝」が、中国の貨幣として流通していた事は明らかな事実である。彼等の交易によって中国では「倭の国」を知り、情報も得ていた。その情報の中に、百歳を超える長寿者のいる事も、平和な蓬莱物語も大陸の人々は知り得たものでしょう。

始皇帝や徐福も彼等の情報で、蓬莱の島の存在を聞いて知り得たのに違いない。

徳之島では「己」「自分」の事を「わ」と言う。「わ」を連発して話す彼等を大陸の方では倭人・倭国と呼ばれたのではなかろうか。この推理・想像が的を得たものであれば嬉しい限りだ。

徐福が困難な東渡に成功したのも、彼等「海人＝うみんちゅう」の水先案内があってこそ大船団を無事に東渡させることが出来たのではなかろうかと、筆者は考えている。

南西諸島の海人は黒潮の道を知り尽くし、古代より船を操る技術を持ち、当時の交通手段の海上ルートを制覇していたのでしょう。推古天皇の頃に大和まで交流して繋がっていた事は、太古より身に付けていた航海術と徐福渡来によって弥生文明・弥生文化がいち早く開けていたからに他ならないのではなかろうか。

時代が下って鎌倉時代に徳之島は鎌倉幕府の冊封の島として重視されていたらしい。

地名や言葉が古代の謎を解くと申しましたが、徳之島伊仙町で発見・発掘されたカムイ焼きの遺跡は正にそれである。伊仙町に「カムイ池」と言う池があった。池の辺から焼き物の欠片がよく散見されることに興味を持ち、古窯跡発見へと繋がって行きました。

伊仙町歴史民族資料館の義憲和館長の執念により、十八年の歳月をかけ「カムイヤキ古窯跡」は次々と発掘され、現在百基の窯跡が発掘されている。十一世紀から十三世紀に徳之島にはこれほどの甕を焼く窯が存在していたのだ。考えられるのは、甕は飲料水の容器であり、主食のお米（籾）を入れる容器、その他食料貯蔵に用いていたに違いない。この「甕」の分布が南は与那国島、北は熊本あたりまで広がっている。遠くは東南アジアから綿の種を入れて、愛知県まで運んでいる史実も出ていると言う。甕の大きさを考えれば、小船ではとてもじゃないが無理であり、やはり、このような甕を運ぶ古代船を所有して交易していた、海上の道の覇者が存在していたことは間違いなかろうと思う。

海上交通網で活躍していた「海人」達によって弥生革命は引き起こされ、水田稲作もたちまち日本各地へと伝播していったに違いない。

水田稲作の始発駅は徳之島であろうと筆者は考えている。徳之島から更に適地を求めて種子島へ伝播され、九州へ上陸し、川内川の周辺で「ににぎの尊」を誕生させている。

更に水田稲作は適地を求めて止まず、北九州へ、大和へと東征が続いて行った。

このように見てくると、弥生文明・弥生文化は徐福の水田稲作の道、海上の道を経由して我が国に定着したものだ、と見る事は出来ないだろうか。
日本に於ける祖霊信仰。稲作文化。仙山思想の出発点が徳之島であるように思えてならないのは我田引水が過ぎるであろうか。御諸賢のご意見が拝聴できれば幸いである。

次に奄美の民謡を御覧に入れよう。

「阿麻彌姑《あまみこ》の御神、天降り、造る島国や　代々に盛る《さかえ》」
「あまみこ」が天孫降臨してお造りになられたこの島国は、未来永劫、天地とともに弥栄えに栄えていく。

「手習いすること　親からの定め　生《な》し子　末までも　躾け習せ」
手習いする事は御先祖からの定めである。だから子々孫々この定めに従って、よく躾けて手習いを奨励せよ。

「貴下《なきゃ》始めあらぬ　我《わ》きゃ始めあらぬ　昔の親先祖《おやふじ》の躾け定め」

手習いは、貴方が始めたものでもなければ、私が始めたものでもない。昔から、先祖代々からの躾けであり、定めである。

「今日のよかろ日に　女夫《あおと》まぐわいて　巣篭りの栄　鶴のごとに」

古事記にも「まぐわい」結婚の歌がある。今日のよき日に目出度く結婚する二人は巣篭りする鶴のようである。

「眺めても　飽かぬ野山打続き　緑さし添える春の景色」

野も山も見渡す限り緑一色に彩られた春の景色は、眺めても飽かない美しさである。

「千歳経る　松の緑葉の下に　亀が歌えば　鶴が舞うふ」

樹齢千年の松老木の下で亀が歌えば、合わせて鶴が舞う。これは結婚式などでよく詠われた。これなどは、完全な「和歌」の歌詞で詠われている。

「雲姿見ても　鳥の声聞いても　敦盛がことや　忘れ苦しさ」

行きかう雲の姿を見ても、朝夕泣く鳥の声を聞いても、あたら若年で敵に討たれて一の谷の露と消えた、あの平家の敦盛の事が忘れられない。

南島徳之島の言語は動詞やアクセントが独特の転訛を来たしてはいるが、殆ど大和言葉を基調としている。学者によれば、推古天皇の頃より都と交流があり、言語もその影響を受けて発達したためであろう、と言う。筆者は是に対して異論を呈したい。言葉・民謡にしても南島が源流であり、弥生革命以来文化文明も南から大和までも伝播したものではなかろうか。南島に残っている言語こそ大和言葉のルーツと見るべきではないかと思う。

民謡の形式は琉球調の八・八・八・六の三十字であるが、歌詞自体は純然たる日本文学そのものなのである。

「あかときの　鶏《とり》や羽たたし歌う　きむしゃげの加那や　胸たたき戻れ」

暁の鶏が羽ばたいて鳴く、いとしなつかし恋人よ、堂々と胸を張って帰りなさい。

万葉集には密かに人目をしのびて、夜這いした男を裏口から送り出す情景が歌われていますが、ここでは堂々と胸を張って男を送り出す女の情愛が歌い上げられています。

「白浜の　まさご数で数われる　我が思うことや数へならぬ」

白浜の真砂でも数えようと思えば数える事が出来よう。けれども君を思う我が思いは到底数え尽くす事は出来ません。

「六十重ねれば　百二十の御年　百十末までも拝んでおせろ」

還暦の夫婦を讃えて詠う歌。百十末はももと十の末で千年の意味。即ち二人の歳を合わせれば百二十になる。願わくは長寿で居てください。私達は千年でも拝んであげますよ。となる。

「山の木の高さ　風に憎まれる　心高く持てば　人が憎む」

高い山の木は風当たりが酷い、人も傲慢になれば世間から爪弾きにされ，恨まれるものだ。

西郷隆盛は奄美大島龍郷・徳之島・沖永良部島三島に流罪で暮らした中で、島々の伝統・民謡に触れて、奄美人の文化に感動したに違いない。島人の祖霊信仰・先祖から躾けられた文筆を尊び、勉学に励む姿に心を癒されたようである。島で祝いの席に招かれれば、必ず手習い道具・筆・硯等を贈り物として与えている。又、即興に詩を書いて与えても居る。

手習いの一節には次のようなものがある。

「一日学一字　三百六十字　一字当千金　一点助他生　一日師不疎　況数年師乎

師者三世牽喫喫　祖者一生尼」

島々に数々の民謡があると言う事は、南島海人による上古古代からの大和との交流があって、独自の文化を育んでいったものと思う。

また、奄美五島には平家の落人伝説もあります。

先に紹介した平家敦盛を痛む歌などは、平家落人の子孫が詠んだものか、島の歌い手が詠んだものかは不明であるが、一つ言える事は、平家の落人達はレベルの高いお公家様のような教養人もいたに違いない。彼等の手解きで文学を教わる機会もあったことでしょう。

ああ　三京山《みきょうやま》渓谷《さく》には　千年から咲いた事の無い
　　花が咲いたよ　　花が咲いたよ
ああ　なおし植えよう　明けての二三月　我が家の庭に
　　なおし植えよう　なおし植えよう

徳之島のど真ん中に三京集落がある。京の都を偲んで平家の落人達が名付けたのでしょう。この集落には都落ちした高貴な人々がいたに違いない。

千年来咲いた事の無い花とは、美人・麗人の事。村の若者が嫁に欲しいとの願いを込めて歌われたものだ。

徳之島の風俗・伝統・民謡はいずれも、琉球から上って来るもの、北の奄美大島から下ってくるもの、そして島独自の在来のもの、の三つから成り立っている。

一つだけ特徴として言える事は、琉球国統治から薩摩統治に変って、在番役人による虐げられた農奴の暗い時代には、歌に親しむ余裕などなかった事が伺える。従って、島が薩摩や琉球の以前、慶長の頃、また、鎌倉幕府の冊封を受けていた頃の歌から、一歩も進歩発展できなかったものだと考えられます。限られた幾つかを紹介します。

「れんげ花心　肝もたなわらべ　慾垢のつかば　洗て捨てよ」

子どもたちよ、れんげの花の様に、清く美しく心がけよ。慾深く汚れたら洗って捨てなさい。

「雨降らせ降らせ　我が庭に降らせ　加那が涙ち思いち　出でて濡れら」

雨を降らせて給れ、我が家の庭に降らせ給え、いとしい恋人の涙と思って濡れてみます。

「思ん思うんち言ちやんてま　我がしこはねらん　我がしこあれば　通うて来まし」

私の事を思っていると言ったところで、私ほどには思って下さらぬ、もし私ほどに思って居られるのなら、通って来て下さるはずです。

「上の田も我が田　下の田も我が田ぐわ　我が嫁なて来ゆる人や　実り米まんだき」

上の田も下の田も私の田です。私の嫁になる人はこの廣い田に実る米を我が物にする事が出来るのだよ。

「浦々の深さ　母間浦《ぼまうら》の深さ　母間の乙女《みわらべ》の思いの深さ」

海の深いのは母間の港が一番だ、それにも増して母間の乙女の情けの深い事よ。

徳之島には「ウナリ神」「イイリ神」と言う諺がある

ウナリとは姉妹の事であり、イイリとは兄弟と言う意味である。何とも心温まるイントネーションではありますまいか。

古代の海人達はウナリ神から戴いた品々を船上で伏し拝んで航海をし、無事に港へ帰りつきたいと願ったようだ。奄美民謡に「ヨイスラ節」がある。

舟の高ともな　白鳥ぬいしゅり

白鳥やあらぬ　ウナリ神ガナシ

大海原の舟に止まった白鳥はきっと「ウナリ」化身に違いないとして詠われている。

児孫ノ為ニ美田ヲ買ハズ

明治維新前後の話であるが、西郷の狩のお供をしたりしていた小田伝兵衛と言う出入りの者が、西郷家へ美田の出物があるからと持ち込んで来た。

西郷の鹿児島での妻、糸子婦人は大層気に入って、西郷にそれとなく進言お願いを試みます。その時に西郷が「子孫の為に美田など買うべきでない」として「遺訓」の中にも述べられている事は有名である。

幾タビカ辛酸を歴テ　志始メテ堅シ
丈夫玉砕スルモ　甎全ヲ愧ズ
一家の遺事　人知ルヤ否ヤ
児孫ノ為ニ　美田ヲ買ハズ

「予　若し此言に違わば、西郷は言行相反する者なりと、世間の誹謗を受くる又可なり」とある。

西郷は夫人の申し入れに対して、姿勢を正して夫人に向かい説き聞かせたと言われている。

逸話を語る中から抜粋して次に紹介します。

「自分は今遊んでいる。けれども何不自由なしにこんな暮らしが出来るのは、一体誰のお陰だと思うか。皆、人民の頭にかかった税金を貰って生活しているのだ。人民の汗水たらした税金を貰って、その日その日を安楽に暮らしている自分は、外に出て歩いて、人に会うのさえ面目ないように心苦しく思っている。

この年になるまで、まだ暖かい絹の衣装を着た事もなく、また着る気にもならぬ。

親から学資を貰って書生をする子は、尋常一様の書生である。他の人がせぬような書生をするようでなくては、将来世の中に出てから役に立たぬ。一日汗水たらして働いて、そして精一杯に学問に励む、その心掛けが肝心じゃ。

自分達が、一寸外出すると、道で沢山の貧乏人に会う。あの人達もみな、政府に税金を納めているのだと思うと、自分は身を切られるように心苦しく思う。

あんな貧家の子弟こそ、本当に国家の土台となるのだ。

深く考えて見ると、よか物を食べ、よか着物を着、よか家に住もうなどと思うのは、元来間違った了見じゃ。

自分の家に馬鹿息子が居れば、あるいは田も買わねばなるまい。魂の入らぬ子どもが居れば、あるいは畠も買っておかねばなるまい。しかし、幸いなことには、人並みの子どもが生まれているから、そんな余計な心配をする必要がない。

成長した銘々が、それぞれ相当に自活の道を立てていくであろう。」

この逸話を読み下して思う事は、公に使える者の心掛けが判ること。

子孫のためにとは私腹を肥す事に他ならず、納税者に頭を下げて暮らしていた事が判る。

西郷が普く尊敬される理由はここにあるのであろう。

美田を買わず、絹の着物など着た事もなければ、着ようとも思わないとしたところが凄い。

政治を目指す者には心して欲しいものです。

西郷にはもう一つ大きな逸話がある。

西郷隆盛を写した写真が一枚もない事です。西郷隆盛を扱った伝記・書籍・遺訓は数知れなく世の中に紹介されております。ところが、「本物」の写真が一枚も出てこないのです。

西郷の竹馬の友、大久保には立派な写真があるのにどうしたことなのか、一つの謎でもある。本物の写真が見つかったとして、これまでにも度々話題にもなったが、郷土の研究者などの考証によって、悉く否定されているのだ。当時は写真は高価で贅沢品であった。

大久保が西郷に自分の写真を自慢たらしく送り届けてきたのを見て、西郷は大久保に手紙を出している、それによると、写真を醜態だと評しているのです。

「尚、貴兄の写真参り候ところ、如何にも醜体を極め候間、もう写真取りは、御取止め下さるべく候。誠に御気の毒千万に御座候」である。

大久保にしてみれば親友の西郷に思い切りめかして、美髯を手入れして写して送ったのに、西郷から「醜態」だから写真を撮るのは止めた方が宜しい。とまで言われて、どんなにショックを受けたことか知れません。謹厳にして端正な大久保の性格と、西郷の性格はここに違いがあったのであろうか。

西郷が極めて写真嫌いであったのはこれでも判ります。

明治天皇が西郷隆盛の写真をお手元に残しておきたいとの思し召しから、先ずお若い時のお写真を賜り「西郷お前の写真を撮って出せ」と仰せられた。それでも提出がないものだから、時を経て今度は、明治天皇は洋式の大礼服、皇后様は十二単衣の、大きな額入りの御真影を下された。西郷は恐縮し謹んで拝受した。常に大君の御ためにと、身命を捧げて惜しまぬ西郷隆盛でしたが、「写真を提出」する事だけは、仰せに反して、どうしても写真は撮らなかったというから、本物の写真が存在する筈はないのである。

江戸城無血開城の相手、勝海舟も西郷隆盛の写真が欲しいと考えて、先ずは自分の写真を写して西郷に送り、是非写真を下さいと申し込んでおります。

勝海舟の写真は和服姿に刀を杖にして写したものだった。

「奉呈　西郷大兄　勝海舟義邦」と著名して送られて来た。

明治天皇のお召しでも撮影していないのだから、勝海舟にも写真は送られていないのだ。我々が見ている、上野の西郷隆盛さん、鹿児島にある西郷隆盛さんの銅像は写真無しで何を見て製作されたものなのか、疑問が起こります。

本書に載せてある肖像画は日本政府の招きで明治八年に渡日し、印刷局の図案彫版の技術を指導している、イタリヤ人のエドアルド・キヨソネが描いた肖像画といわれているものだ。

肖像画もいろいろあって、どの作者のものが真実に近いのかも定かではないようだ。

作者にはキヨソネの他に、石川静正・服部英竜・床次正精・大牟礼南島・肥後直熊などと言う錚々たる肖像の大家が居て、それぞれに西郷隆盛を描いている。

いずれの画でも共通しているのは、大きな眼、太い眉、引き締まった唇、豊かな頬、堂々たる体躯、これらは西郷隆盛の肖像画として一見してわかるものです。

ところが、上野の銅像の除幕式に参列した西郷婦人の糸子未亡人は

「おや　まあまあ、うちの人は、こげな人じゃなかったのに」と思わずつぶやいたとの事です。婦人は、上野の銅像、それに出回っている肖像画を見ても、本人とは似ていないと言い放っていたらしい。

「いずれも、やたらに目を吊り上げて、怖く描いてあるけれども、ああ言う感じの人ではない。目玉は確かに非常に大きかったが、眼差しは何となく慈愛のこもった、やさしい眼差しで

あった」後に、孫に当たる西郷吉之助も祖父について、そんな話があったと伝えている。

上野の銅像は愛犬を連れて狩に出られるお姿をしている。未亡人の糸子夫人は銅像について次の様にも述べている。

「うちの人は、礼儀正しい人で、相手がどんな身分の人でも、いつもきちんとした服装で応対し、おごったり、高ぶったりする事もなく、言葉使いも丁寧でした。あの銅像は、たとい狩に出られた時のお姿じゃとしても、あんな、着流しの姿を、皆様の大勢見なさる所に、わざわざ建ててからに、残念です」

婦人の漏らした感想が心に響きます。

婦人のすぐ横に控えていた弟の西郷従道は義理姉の糸子夫人に向かってたしなめています。

「あの銅像は、故人の威徳を慕って、多くの人々が醵金をして建てて下さったものであるから、西郷家の者が、かれこれ文句がましいことを言ってはなり申さん。」

弟の従道が夫人のほか一族にもこう言って訓戒しております。

鹿児島市公会堂前の「城山麓の銅像」についても少し触れておきたい。

南洲翁没後五十周年を記念して、昭和十二年五月二十三日に竣工している。西郷隆盛が我が国最初の陸軍大将として、陸軍大演習に参加した時の服装で製作されている。

作者は東京美術学校彫刻科を出た「安藤照」の傑作である。

作者の安藤は計画から八年をかけ、除幕にこぎつけている。
お顔はやはりイタリヤ人キヨソネの肖像画を参考にして造られているそうだ。
鹿児島を訪れる観光客が、何がなんでも眺めて帰りたいと思う銅像である。

あとがき

西郷隆盛と徳之島の関わりを書き終えて、あとがきを纏めるに当たり、一年一作今年の宿題は、これで何とか果たせたと安堵している。振り返って、資料を漁りながらつくづくと大西郷のスケールの大きさ、尊厳を思い知らされた気がする。

そこで、薩摩の貧しい下層階級の武家屋敷界隈から、明治維新の元勲が斯くも大勢輩出したのは何故なのか、その背景、土壌は何なのかを考えた時、行き着く所は、陽明学に根ざした郷中教育と家庭教育があるように思う。

世界的に有名なボーイスカウトは薩摩の「郷中教育」をヒントにして創られたと聞きます。

「郷中教育」の他に、薩摩には島津家の中興の祖と言われている、島津忠良公（日新公）の「いろは歌」と言うものがある。

西郷隆盛を始め、大久保利通等薩摩の志士達は、すべからく「いろは歌」の真髄を教育されて成長しているようです。この真実はまぎれもなく、薩摩武士達の人間形成に大きな影響を与えている事からも分かる。

黒船の脅威、諸外国からの植民地化を跳ね返し、彼等は見事明治維新を成し遂げたのだ。

我が国は近代文明国への仲間入りを果たした。それを実現させてくれたのは薩摩の元勲達の働きが大きい。これら元勲達に大きな影響を与えたのが薩摩の「いろは歌」にあるように思います。次に「いろは歌」から抜粋して幾つかを紹介し、「あとがき」に代えたいと思います。

一、い　いにしへの　道を聞きても　唱《とな》へても
　　　　わが行《おこな》いに　せずばかひなし

「いくら昔の聖人・賢人の教えを聞き　学び　暗唱しても　それを自分の行いとして実践しなければ何の役にも立たないし、価値はない」陽明学の「知行合一」の教えである。

陽明学とは、中国の儒学の一派「王陽明」が唱導した、実践的・現実的な理論である。

薩摩日新公は、陽明学思想を庶民に分かりやすく教育する手段として「いろは歌」を創ったように思える。

四、に　似《に》たるこそ　友としよけれ　交《まじ》わらば
　　　　我にます人　おとなしきひと

「性格もレベルも自分と良く似た者とは　ウマが合っていいものなのだが、しかし、積極的に選んで交わろうとするならば、少しでも自分よりも優れた人、偉い人との交わりが宜しい。」

五、ほ　仏神《ほとけ》　他にましまさず　人よりも
心に恥《は》ぢよ　天地よく知る

「仏や神は他所にあるのではない、自分自身の心の中におられるのだ。他人に恥じるよりも、自分自身の心に恥じよ。自己の心にある天地、つまり仏や神はよくよく判っているのだから。

九、り　理《り》も法も　立たぬ世ぞとて　ひきやすき
心の駒《こま》の　行くにまかすな

「道理も法も通らない世の中だからとて、ヤケになったり、あほらしくなったりして、安逸怠情に流れ易い心のままに任せてはならない」

十二、を　小車《をぐるま》の　我が悪業に　ひかれてや

つとむる道を　うしと見るらん

「各人にはそれぞれ勤めるべき道がある。それを嫌やだとか、辛いとか、気が進まないなどと思うのは、煩悩から生まれるいろいろな罪悪に引かれるからであろう。慎むべし。

十四、か　学問は　あしたの潮の　ひるまにも

なみのよるこそ　なほ静かなれ

「学問をするのに、何時と言うことはない。朝のすがすがしい時も良いものだし、昼の気力充実した時も良い。だが、夜の静かな気分の落ち着いているときもまた良いものだ」

十五、よ　善《よ》きあしき　人の上にて　身を磨け

友はかがみと　なるものぞかし

「事の善悪、行うべき事、行わざるべき事、この判断は、他人の行いを見て自らを磨くようにせよ。友は己の善悪を判断する鏡となるものだから」

十九、つ　　つらしとて　恨《うら》みかへすな　我れ人に
　　　　　報《むく》い報いて　はてしなき世ぞ

「いかに辛いことを仕掛けられたとしても、その恨みを返してはならない。恨みを返せば、自分と相手との間に恨みの返し合いがくりかえされ、果てしなく続く事になる」

二十三、む　　昔より　道ならずして　驕る身の
　　　　　天のせめにし　あはざるはなし

「昔から、道を外れて奢る者で、天の責めに会わないものは無し」

二十八、く　　苦しくも　直進《すぐみち》を行け　九曲折《つづらおり》の
　　　　　末は鞍馬《くらま》の　さかさまの世ぞ

「いかに苦しい思いをし、辛い目に会うとも、正しい道を歩いて行きなさい。九十九折の鞍馬の道のように曲がり曲がりしながら行くと、その末は暗闇の逆さまの世界になってしまう」

人間、一度曲がった道に迷い込み、踏み込むと本道からどんどん離れてしまい、元の正しい道に戻る事は極めて難しくなるものだ。

ここにある「くらま」は「鞍馬」と「暗間」を掛けて意味している。

三十二、ふ　　不勢《ぶぜい》とて　敵を侮る　ことなかれ
　　　　　　　　多勢《たぜい》を見ても　恐るべからず

「少数の兵だからと、敵を侮る事はいけない。また、多勢だからと言って恐れてはならない」

三十五、て　　敵となる　人こそ己《わ》が　師匠ぞと
　　　　　　　　思ひかへして　身をも嗜《たしな》め

「自分の敵となる人こそが実は師匠であると、そう考えて慎むようにせよ」

四十、め　　めぐりては　我が身にこそ　つかへけれ
　　　　　　　　先祖のまつり　忠孝《ちゅこう》の道

「君に忠義を尽くし、親に孝行を尽くすは、めぐりめぐって結局は自分に仕える事になる」

先祖を崇拝し、お上には真心をもってお仕えするという事は、結局は巡り巡って自分自身のためになるのだ。との説法である。

四十一、み　道にただ　身をば捨てんと　思ひとれ
必ず天の　助けあるべし

「自分の信ずる正しい道を命を賭けて進むが良い。必ずや天の助けがあるものだから」


ここに言う「道」とは儒教で言う道理、正道と解されるが、それだけではなくて、具体性のある武士道であり、自分自身の信ずる信念、信条をも指していると見るべきである。

人事を尽くして天命を待つ。これは貝原益軒の有名な言葉である。

自分の出来る限りの努力を尽くしてこそ幸運にも恵まれて事は成功する。

努力なくして幸運に恵まれる事はない。努力して幸運に巡り会う事が即ち「天の助け」である。

普く世の中で尊敬され評価される人々は、全てがその動機が「善」であった事が重要なところだ。西郷が奄美大島龍郷に流罪になり、島で「善意」で迎えられ妻を娶り、お互いの「善」を大事にしたからこそ、天の助けに巡り会えたのである。
二度目の徳之島流罪の際にも、徳のある島役人「琉仲為・仲祐」親子の「善意」による対応がなければ、西郷の蘇生の道は開かれなかったかもしれない。
三度目の流罪地、沖永良部島では代官所役人、土持政照の「善意」による献身的で違法すれすれの英断をもっての対応があってこそ西郷は見事に蘇生できた。

明治維新の凄いところは、版籍奉還・廃藩置県を断固推し進めた事だと思う。

「人を相手にせず、天を相手にすべし。天を相手にして己を尽くし、人を咎めず我が誠の足らざるを尋ぬべし」
西郷の有名な言葉である。

全国の御殿様を相手に版籍を奉還せしめたその決断と断行、最早日本国という国家を見据えての確固たる「善意・信念」がなければ実現し得なかったであろう。また、更なる追い討ちを掛けて「廃藩置県」を成功させている。西洋列強に対抗して「国」を造り上げるには、「藩」の概念を捨て、近代化政策・集権化政策は如何なる反対があろうとも、推し進めるには出身藩の絆も断ち切って一丸となって突き進む必要があった。

西郷隆盛と大久保利通の両雄が、車の両輪の如くに意気を合わせて「事」は天の助けを受けて成就している。とみることが正解であろう。

四十三、ゑ　酔《ゑ》へる世を　さましもやらで　盃《さかづき》に
　　無明《むみょう》の酒を　かさぬるはうし

「あたかも酒を飲んで酔っているかのように、世の中が乱れ迷っているのに、それを覚ましてやろうともせずに、更に盃に煩悩に迷う無明の酒を注ぎ重ねるとは辛い事だ」

世の中が乱れ迷っているのに、それに対処して平定する事も出来ず、ただ煩悩の盃を傾けている自分が何と情けない事よ。日新公自身に対する反省を込めて詠われているようでもある。

「無明」とは仏教用語であり「煩悩」の意味である。

四十四、ひ　ひとり身を　あはれとおもへ　物ごとに
　　　　　　　　　　　民にはゆるす　心あるべし

「社会的・家族的に恵まれない一人身の者には、哀れみ、いたわりで接する事だ。上に立つ者は何事によらず民には慈悲を心がけねばならない。

中国の儒学では、例え一人といえども、国家の単位として家族を重要な単位だとしている。

四十五、も　もろもろの　国やところの　政道は
　　　　　　　　　人にまづよく　教えならはせ

「国や地方地方の政治とか、それを行うための定め、法令などは、先ずは、人々に良く教え習わせるようにせよ」

政治の目指す所を教え、法令の意義と守るべき意義を教え、初めて罰する事も理解させなければ、民は反抗するばかりである。

四十六、せ　　善に移り　あやまれるをば　改《あらた》めよ
　　　　　　　　　　義不義《ぎ》は生れ　つかぬものなり

「善に移るように、また、過ちがあれば改めるように、義や不義は生れ付きのものではない」

義とか不義というものは、生れ付きのものではないのだから、気づいた時には素直に改めることが正しい道である。中国の王陽明も気づいたら「良知に返れ」と説いている。君主も良知を致すように努めれば、是非の判断も公平になり、天下は自ずから治まる。と述べている。

四十七、す　　少しきを　足れりとも知れ　満ちぬれば
　　　　　　　　　　月もほどなき　十六夜《いざよい》の空

「少ないことを、足れりとも知るべし。満ちてしまえば、月もまもなく十六夜の月の如く欠けるものだ」

何時の時代でも、調子に乗って欲張り過ぎると、必ず転んで雲散霧消する例は多く見かけれらる。そんな事に成らないように心掛け、ここまで来れたのも有難いと心得よ。であろうか。

「開運するといえども、天下を取る望み致すべからず。十分満るときには、また破ときあり」日新公が、貴久公に法華経の経典の中から書き写して贈った、忠告の文書である。但し、これは決して大志を抱いていけないとするものではなくて、十を望んで七・八を得たら事足りるのだから、それ以上猛進してはならない。との戒めでもある。

薩摩の「島津いろは歌」は、いろは順に四十七番まである。その中から感銘深いものだけを紹介しました。

詳しく調べたい向きには出版文化社から出ている斉藤之幸著「島津いろは歌」を是非御照覧くだい。

この小冊子を纏めるにあたり、後に掲げる貴重な玉書を参考にさせて頂いた。また、引用もさせて頂きましたこと、書面を介して深くお礼申し上げ、感謝申し上げます。有難う御座いました。

平成十八年三月十七日

■参考文献

「大西郷の逸話」……南方新社　西田　実
「島津いろは歌」……出版文化社　斉藤　之幸
「西郷隆盛獄中記」……新人物往来社　昇　曙夢
「西郷隆盛と沖永良部島」……八重岳書房　先間　政明
「天城町町史」……天城町　吉岡　為良
「奄美郷土史選集」……図書刊行会　坂井　友直
「徳之島の民族（一）」……未来社　松山　光秀
「龍馬暗殺の真犯人は誰か」……新人物往来社　木村幸比古
「徐福論」……新典社　辻　志保
「ロマンの人徐福」……学研奥野図書　奥野　利雄
「徳之島特攻隊物語」……南島文化研究所　益田　宗児
「運命の島々・奄美と沖縄」……奄美社　高田　利貞
「西郷南洲翁遺訓」……財団法人　西郷南洲顕彰会

著者略歴

益田宗児 （ますだ・そうじ）

1932年（昭和７年）11月22日 徳之島生まれ

〒636－0822

奈良県生駒郡三郷町立野南２－２－35

TEL・FAX　０７４５－７２－６８８３
携帯電話　０９０－３２７５－６８８３
E-mail　souji71122@yahoo.co.jp
ホームページ　http://njk.south-ac.com

略　歴

県立尼崎高校卒業
大阪経済大学卒業
徳之島興産株式会社社長
奈良徐福研究会会長
財団法人　日本花の会奈良支部長
近畿鹿児島県人会総連合会相談役
龍田・三室山桜の会顧問

自費出版

1. 自分史………………		「御先祖様は王子様」	65歳
2. 徳之島昔ばなし	(1)	「神里姫」	66歳
3. 〃	(2)	「徳嶋中祐」	67歳
4. 〃	(3)	「三京坊主」	68歳
5. 古代史創作…………		「耶馬台国は徳之島」 (2,000円税込みで販売中)	69歳
6. 〃		「種子島は古代神々の故郷」	70歳
7. 〃		「徐福物語・抜糖死罪令」	71歳
8. 戦中物語……………		「徳之島特攻隊物語」 (2,000円税込みで販売中)	72歳
9. 偉人物語……………		「西郷隆盛と徳之島」	73歳
10. 古代史………………		「龍田古道」	83歳

西郷隆盛《さいごうたかもり》と徳之島《とくのしま》 新装版《しんそうばん》

徳のある島……
徳のある人との出会い……

・発　行　2017年12月18日　新装版 初版第一刷発行
・著　者　益田 宗児
・発行者　杉田 宗詞
・発行所　図書出版　浪速社
〒540-0037
大阪市中央区平野町 2-2-7-502
TEL.06-6942-5032　FAX.06-6943-1346
振替　00940-7-28045
・印刷製本　モリモト印刷株式会社

ISBN978-4-88854-507-5 C0021